Schnerring | Überzeugend und sicher präsentieren

Kompaktwissen XL

Dieses Buch wurde klimaneutral gedruckt.

Alle CO_2-Emissionen, die beim Druckprozess unvermeidbar entstanden sind, haben wir durch ein Klimaschutzprojekt ausgeglichen, das sich für den Regenwaldschutz in Papua-Neuguinea einsetzt.

Nähere Informationen finden Sie hier:

Almut Schnerring

Überzeugend und sicher präsentieren

Praktische Rhetorik für Schule und Studium

Reclam

Kompaktwissen XL | Nr. 15241
2020 Philipp Reclam jun. Verlag GmbH,
Siemensstraße 32, 71254 Ditzingen
Druck und Bindung: Kösel GmbH & Co. KG,
Am Buchweg 1, 87452 Altusried-Krugzell
Printed in Germany 2020
RECLAM ist eine eingetragene Marke
der Philipp Reclam jun. GmbH & Co. KG, Stuttgart
ISBN 978-3-15-015241-6

Auch als E-Book erhältlich

www.reclam.de

Inhalt

1 Einleitung

Abliefern. Gut rüberkommen. Authentisch sein. In den letzten Jahren haben Castingshows und Laufsteg-Serien die Regeln für den richtigen Auftritt maßgeblich beeinflusst. Sie vergeben Punkte fürs Aussehen, verschenken Autos für den schönsten Klang und versprechen Verträge für alle jene, von denen die Jury sagt: »Du kommst einfach super rüber!«. Bei diesen Kriterien bleiben die Inhalte gern mal außen vor, die Botschaft aber ist immer dieselbe: »Sei ganz du selbst! Aber vergiss dabei nicht unsere Bedingungen!« Und die Liste dieser Bedingungen, die Fülle an Normen und Forderungen, ist so lang wie unerfüllbar. Am Ende wird das ›Selbst‹, das doch ganz bei sich bleiben soll, in jedem Fall Schwierigkeiten haben, sich wiederzuerkennen. Ob *The Voice*, *Next Topmodel* oder *X Factor*, ob YouTube, Musical.ly oder Insta, sie alle fordern den perfekten Auftritt, und tricksen doch hinter den Kulissen. Sie schaffen eine Norm, die nur mit Hilfe von Photoshop, Vocoder und Personal Coach zu erreichen ist, falls überhaupt. Mit der »Bleib authentisch!«-Forderung jedenfalls ist sie nicht vereinbar.

Nun ist ein Referat kein Schönheitswettbewerb, der Hörsaal ist nicht YouTube, das Textverarbeitungsprogramm hat keinen ›Verbessern‹-Button und das nächste Referat muss ohne Personal Coach fertigwerden. Obwohl klar ist, dass es sich im Zusammenhang hier um verschiedene Bühnen handelt und es im Zusammenhang von Schule und Studium um einen anderen Gewinn geht, stehen die Anforderungen und Normen rund um den authentischen Auftritt trotzdem wie der sprichwörtliche Elefant im Raum. Das heißt, die Erwartungen an den eigenen Vortrag und seine Wirkung auf das Publikum sind oft unrealistisch und überhöht, was schnell zu Enttäuschung und Unsicherheit führen kann. Seit Lernplakate und erste kleine

Präsentationen schon zu den Aufgaben für Grundschulkinder gehören, ist es immer schwieriger geworden, sich ›einfach so‹ vor eine Gruppe zu stellen. »Wie hat mein Sohn performt?« – was nach schlechtem Drehbuchtext klingt, ist tatsächlich eine Frage, die auf Elternabenden gestellt wird!

In der weiterführenden Schule und durchs ganze Studium hindurch spielen Vorträge und Referate eine zunehmend wichtige Rolle. Inhalte vor Gruppen präsentieren zu können, gilt als Schlüsselkompetenz für den späteren beruflichen Erfolg und soll deshalb möglichst früh trainiert werden. Trotzdem sind Rhetorik und Präsentation keine Unterrichtsfächer. Dabei ist es für die wenigsten eine durchweg angenehme Situation, einen Vortrag oder ein Referat zu halten. Dass die Dos und Don'ts rund um Gliederung, Gestik, Blickkontakt kein Geheimwissen sind, macht es nicht einfacher, diese Aspekte richtig umzusetzen. Im Gegenteil, oft ist der Druck ›abzuliefern‹ so hoch, dass sich manche in der Fülle der Informationen verlieren, anstatt sich Schritt für Schritt dem Thema und seiner Präsentation anzunähern. Manche ziehen es vor, den Auftrag irgendwie – Hauptsache schnell! – hinter sich zu bringen, halten ihre Referate in einem Nebel und beginnen erst zurück an ihrem Platz zum ersten Mal wieder zu atmen.

Dazu kommt die Sorge, durch ein Redetraining nicht mehr authentisch zu sein, das eigene Wirken durch zu viel Übung zu manipulieren und damit falsch und aufgesetzt rüberzukommen. Nicht beim Sport, nicht in der Kunst, nicht in der Wissenschaft – in keinem anderen Fachgebiet käme jemand auf die Idee, dass Dazulernen und Sich-Entwickeln eine Gefahr, ein Nachteil sein könnten. Das Ziel der Rhetorik in ihrem antiken Verständnis ist ja nicht, die ungeübte Rednerin in eine Heuchlerin zu verwandeln oder aus einem Vortrag eine Theaterinszenierung zu machen. Durch Übung und mit rhetorischem

Handwerkszeug eine überzeugendere Sprechweise und eine neue Redetechnik zu erlernen, heißt ja nicht, einfach Effekte, Hacks und Tricks anzuwenden, sondern bedeutet vor allem, sie sich ›zu eigen‹ zu machen, sie sich zu erarbeiten, bis sie verinnerlicht sind und zur Person gehören. Und wie kann etwas, das mir und zu mir gehört, nicht authentisch sein?

Dieses Buch soll Schüler*innen und Studierenden helfen, individuelle Antworten auf diese Herausforderungen zu finden, so dass der nächste Vortrag nicht nur zur Pflicht wird, sondern auch eine positive Herausforderung werden kann. Schließlich kann ein Auftritt, wenn er gut vorbereitet ist und das Publikum erreicht, Spaß machen und ein tolles Erlebnis sein. Authentisch wird er damit dann fast von alleine.

Zur inkludierenden Schreibweise

De oratore lautet eine der grundlegenden Schriften über die Rhetorik und wird mit ›Über den Redner‹ ins Deutsche übersetzt. Das entspricht sicher dem, was der römische Rhetoriker Cicero aussagen wollte, denn Frauen waren nicht »mitgemeint« in dieser Form des generischen Maskulinums. Die Rhetorik galt lange als männliche Disziplin, die Reden von Frauen, die in der Antike öffentlich sprachen, wurden nicht überliefert.

Auch danach hatten Frauen jahrhundertelang keinen Zugang zu rhetorischer Bildung. Doch dieses Buch handelt vom Präsentieren und Überzeugen und richtet sich an alle, die sich dafür interessieren, unabhängig vom Geschlecht. Es verzichtet deshalb auf das generische Maskulinum und versucht, die meisten Stellen mit dem Gender*stern zu lösen. Um Sternhäufungen zu vermeiden, wird aber darauf verzichtet, beispielsweise über »den*die Redner*in« zu schreiben, »der*die sein*ihr Anliegen« möglichst einfach vermitteln möchte. Außerdem wird in Sätzen, die ein konkretes Beispiel anschaulich machen, entweder das generische Femininum verwendet oder die männliche und weibliche Form abgewechselt. Und zuletzt macht die Verwendung des Partizips »Der Redende« bzw. »die*der Vortragende« bewusst, dass damit etwas anderes ausgedrückt wird, als mit »Der Redner«. Da es die rundum passende Lösung (noch?) nicht gibt, wollen wir lieber mit einem Kompromiss für die Problematik sensibilisieren, anstatt alte Muster zu bemühen, durch die letztlich antike Rollenbilder reproduziert werden.

2 Der Anfang vor dem Anfang

Aaalso … räusper …! Noch haben wir ja gar nicht angefangen. Hier ist noch der Moment ohne konkrete Bilder, ohne klare Vorstellung von dem, was kommen wird. Eher grau als bunt, eher verschwommen als scharf. Viel Nebel, wenig klare Gedanken. Aber vielleicht weißt du schon, wie der Raum aussehen wird, in dem du sprechen wirst, und hast schon einen Termin? Kennst du dein Publikum? Dann stehen zumindest schon einige Zutaten fest. Dem Rest nähern wir uns gemeinsam Schritt für Schritt, so dass sich der Nebel ganz von alleine lichten wird.

2.1 Themenwahl

Worum soll es überhaupt in der Präsentation, in der Rede oder dem Vortrag gehen? Steht das Thema schon? Darfst du aus einem bestimmten Themenbereich selbst wählen, hast vielleicht sogar die Gelegenheit, zu deinem Lieblingsthema zu sprechen? Falls du noch vor dem großen Berg der Möglichkeiten stehst und nicht weißt, wofür du dich entscheiden sollst, hier ein paar erste Fragen, die du dir stellen kannst, um dir die Qual der Wahl zu erleichtern:

Infobox: Das Thema frei wählen

- Was könnte das Publikum interessieren? Wenn schon feststeht, wer zuhören wird: Womit könnte man genau diese Gruppe gut unterhalten und zugleich informieren?
- Gibt es einen Themenbereich, der alle Eingeladenen

bzw. alle im Raum betrifft, ohne dass ihnen das auf den ersten Blick bewusst wäre?

- Habe ich Zeit, mich in ein Thema einzulesen, mit dem ich mich noch gar nicht auskenne?
- Habe ich in letzter Zeit etwas erlebt, beschäftigt mich etwas besonders, so dass ich mehr darüber erfahren und das auch anderen mitteilen möchte?
- Kenne ich mich mit einer Sache gut aus, von der ich weiß, dass sie viele Menschen fasziniert?
- Gibt es ein Thema, das mir wichtig ist, und von dem ich finde, dass Menschen mehr darüber erfahren sollten?
- Kenne ich mich mit einer Sache besser aus als die meisten, zu denen ich sprechen werde?

Steht das Thema dagegen schon, wurde dir etwas vorgegeben, ist es wichtig, den Gegenstand deines Vortrags so zuzuschneiden, dass du ihn in der vorgegebenen Vortragszeit bewältigen kannst (vgl. Kap. 5.3 »Kürze und Prägnanz«, S. 55). Folgende Fragen helfen dir dabei:

Infobox: Das Thema einengen

- Wo berührt das Thema mein eigenes Leben? Durch welchen Aspekt bekomme ich einen persönlichen Bezug dazu?
- Welcher Aspekt des Themas ist so wichtig, dass man ohne ihn die gesamte Problematik nicht wird verstehen können?
- Welcher Aspekt des Themas lässt sich anschaulicher darstellen als andere?

- An welcher Stelle berührt der Themenbereich den Alltag des Publikums?
- Welcher Bereich lässt sich in der gegebenen Zeit darstellen, ohne zu weit ausholen zu müssen?
- Was kann ich weglassen?

2.2 Das Publikum

Manches Publikum hat keine Wahl. Wer mitten im Vortrag einfach den Raum verlässt, bekommt vielleicht keinen Schein für sein Studium, einen Eintrag ins Klassenbuch, nichts zu essen oder sein Geld nicht zurück. Manches Publikum ist also gezwungen zu bleiben, aber kein Mensch kann gezwungen werden, wirklich zuzuhören. Das Interesse an dem, was auf der Bühne passiert, muss sich der*die Vortragende mit dem Einstieg erarbeiten und es im Lauf des Vortrags immer wieder neu gewinnen. Das geht nur, wenn man sein Publikum schon bei der Vorbereitung mit im Blick hat. Es hilft, sich dafür einmal die Bausteine des folgenden Satzes vor Augen zu führen:

> Ich (1) spreche mit dir (2) über etwas (3) in einer bestimmten Absicht (4).

Die (1) ist klar. Sie beherrscht am Anfang alles: »Ich bin so aufgeregt!«. Dicht gefolgt von der (3) »Was soll ich sagen? Womit soll ich anfangen?«. Darüber werden die (2) »Wer sitzt denn da überhaupt im Saal?« und die (4) »Was möchte ich bei denen eigentlich erreichen?« oft vergessen oder zumindest so vernachlässigt, dass das Publikum das Gefühl bekommt, beliebig und austauschbar zu sein. Der Vortrag wirkt dann, als sei er letzte

Woche schon einmal in exakt derselben Form vor einem anderen Publikum ›abgeliefert‹ worden – ohne Bezug zum Ort, ohne Bezug zu den Interessen, Wünschen und Besonderheiten, die jede neue Situation mit sich bringt. Um also flexibel reagieren und dich auch schon in der Vorbereitung auf dein Publikum einlassen zu können, kläre vorher folgende Fragen:

Infobox: Sich auf das Publikum einstellen

- Wie viele Personen werden dir zuhören? Eine Schulklasse von rund 30 Schülerinnen und Schülern? Ein Kurs mit 50 Studierenden? Ein Saal mit über 100 Leuten?
- Aus welchen Fachrichtungen kommen sie? Wie gut kennen sie sich mit dem aus, worüber du sprechen wirst?
- Gibt es Punkte, die du voraussetzen kannst? Oder andere, die zu Beginn geklärt werden müssen, damit der Rest verständlich wird?
- Gibt es Fragen zu deinem Thema, die so verbreitet, so häufig sind, dass auch dein Publikum die Antwort interessieren wird?
- Gibt es Fachbegriffe, die zum Thema gehören, die erläutert werden müssen?
- Was verbindet die Gruppe? Wo gibt es einen Ansatz, mit dem alle etwas anfangen können? – Das könnte dann der Einstieg in deinen Vortrag sein.

2.3 Du selbst

Sobald jemand spricht, spricht diese Person zugleich auch über sich selbst und verrät dem Gegenüber etwas über ihre Persönlichkeit und ihr Denken, sehr viel mehr, als im Manuskript der Rede und in den Stichwortzetteln der Präsentation steht. Deine Wortwahl lässt durchklingen, wie geläufig dir die Begriffe des Fachgebietes sind, die Gestik verrät, ob du schon oft anderen etwas dazu erklärt hast, ob du sowieso viel erklärst oder jetzt ausnahmsweise die Stimme erhebst, was du sonst eher vermeidest. Deine Gedankenführung, Körperhaltung und Argumentation geben dem Publikum Informationen über deine Persönlichkeit und dein Denken. Also lerne beide vor deinem Auftritt auch selbst kennen. Konfrontiere dein Publikum nicht mit etwas, das du selbst nicht kennst. Wer wenig Erfahrung hat im Sprechen vor Publikum, denkt sich vielleicht: »Vor so einer großen Gruppe zu stehen, das liegt mir nicht«, »Ich bin dafür nicht so begabt«, »Ich bin nicht so extrovertiert, das passt nicht zu mir« ... und findet jede Menge anderer Gründe, um sich vor dem nächsten Referat oder der nächsten Präsentation zu drücken und stattdessen die schriftliche Arbeit zu wählen. Lebendige Rhetorik ist zwar auch eine Frage des Temperaments, aber eine größere Rolle spielt dabei die Technik, und die lässt sich lernen.

Fange an, indem du herausfindest, wo der Schwerpunkt bei deiner Vorbereitung liegen soll: Was kannst du schon, was sogar ganz gut, und was fällt dir schwer? Wenn du das noch vom letzten Referat weißt, wenn du bereits Feedback zu einem Vortrag bekommen hast, dann pack dieses Wissen noch einmal aus und schreibe es auf in zwei Spalten: ›Haben‹ und ›Soll‹.

Kennst du dich mit Argumentationstechniken schon aus, dann überfliege das entsprechende Kapitel in diesem Buch nur und nimm dir mehr Zeit für die anderen. Machst du dir z. B. mehr Sorgen über deine Körpersprache als über die Anschaulichkeit deines Themas, dann lies Kapitel 7.1 »Körpersprache – die sichtbaren Kriterien« schon einmal durch und fange mit den Übungen nicht erst zwei Tage vor Termin an. Nutze die Zeit bis dahin, um dich auch mit den Vorträgen anderer zu beschäftigen: Höre dir Reden und Gespräche im Radio und im Fernsehen an. Höre Podcasts und mache dir bewusst, warum du manchen Redner*innen gut zuhören kannst, und woran es liegt, dass du bei anderen abschalten willst. Was macht dir persönlich eine Rednerin, einen Moderator, einen Diskussionsteilnehmer sympathisch? Oft meinen wir, es läge am Thema, und täuschen uns dabei gewaltig, denn die Art, wie ein Thema vorgetragen wird, seine Verpackung, hat viel mehr Einfluss, als uns bewusst ist. Finde für dich heraus und notiere dir, was dir an Präsentationen und Reden anderer gefällt und was dir negativ auffällt. Das Publikum legt unterschiedliche Schwerpunkte, aber dein Ziel ist ja nicht, es allen recht zu machen. Dein Ziel ist, dich selbst und deine Art, deine Stärken und Schwächen kennenzulernen und herauszufinden, worauf du persönlich den Fokus legst. Fällt dir als Erstes die Gestik bei Sprecher*innen ins Auge, dann wirst du dir über deine eigene mehr Gedanken machen. Kannst du einer Präsentation besonders gut folgen, weil du eine klare Gliederung erkennst und durch die einzelnen Kapitel geführt wirst, dann darf eine Vorausschau auf den Inhalt bei deiner eigenen Rede nicht fehlen.

2.4 Ort, Raum und Bühne

Wenn du den Ort schon kennst, an dem dein Vortrag stattfinden wird, geh ruhig schon einmal dorthin, falls du die Gelegenheit dazu hast. Ganz früh am Morgen oder in einer Pause, wenn niemand dort ist. Insbesondere dann, wenn dir dein Lampenfieber Sorge macht, du besonders aufgeregt bist vor dem Moment des Auftritts selbst, ist es hilfreich, sich dort schon einmal in Ruhe umgesehen zu haben. Falls du deinen Vortrag schon fertig vorbereitet haben solltest, dann kannst du ihn dort sogar schon einmal ohne Publikum proben.

Bereite deinen Vortrag geistig vor. Damit ist nicht nur die Beschäftigung mit Fakten, Zahlen und Argumenten gemeint. Auch wichtige Phasen der Vorbereitung einer Sportlerin oder eines Schützen vollziehen sich in der Vorstellung, im ›So-tun-als-Ob‹ und sind Teil des Erfolgs. Eine Hochspringerin ist bis zum Vorabend eines Wettbewerbs ihren Sprung schon viele Male in Gedanken durchgegangen, ein Pianist hat das Musikstück, das er vortragen wird, schon viele Male ohne Tasten in der Luft und im Stillen durchgespielt. So oft, bis Routine eintritt und nicht mehr jeder Schritt einzeln gedacht werden muss. Also überlege: Wo befinden sich die Steckdosen, wo wird das Laptop stehen, wo können die Stichwortzettel abgelegt werden? Teste aus, wo du dich hinstellen wirst. Wo sehen dich alle, und wo hast du genug Platz um dich herum, so dass du nicht die ganze Zeit an einer Stelle eingeengt stehen bleiben wirst? Stell dir vor, dein Publikum wäre schon da, und sprich ein paar Worte. Routine hilft beim Thema Lampenfieber: Je bekannter sich die Situation später für dich anfühlen wird, umso ruhiger wirst du sein, wenn du mit deinem Vortrag beginnst.

2.5 Wann soll der Vortrag stattfinden?

Sobald der Termin steht, trage ihn in einen Kalender ein und teile dir die Vorbereitungszeit von hinten her ein: Setze als Erstes eine Deadline, bis zu der du fertig sein willst. Achte darauf, dass dir genug Zeit bleibt, den fertigen Vortrag einmal oder mehrmals laut zu üben. Finde Freund*innen, Familienmitglieder, denen du deine Rede vorträgst. Verabrede dich mit einer Person verbindlich zur Generalprobe an einem geeigneten Ort, im Idealfall in dem Raum, in dem du später tatsächlich sprechen wirst. Falls du Zuschauer*innen mitbringen darfst, erzähle ihnen früh von deinem Auftritt, damit sie auch sicher kommen können. Falls du sehr aufgeregt sein wirst, werden sie dir helfen, nämlich als Ruhepole, die du im Publikum verteilen kannst, so dass dein Blick überall einen Menschen findet, der dir zugeneigt ist.

2.6 Welche Medien stehen zur Verfügung?

Wodurch wird dein Vortrag am besten unterstützt? Wirst du ein Experiment machen, etwas dabeihaben, das das Thema anschaulich macht? Entscheidest du dich für eine Bildpräsentation mit Laptop oder genügt eine Tafel? Deine Entscheidung wird auch davon abhängen, welche Medien sowieso im Raum sind und welche noch organisiert werden können. Sobald du recherchiert hast, dein Thema im Groben steht, informiere dich über den Raum und seine Möglichkeiten und wirf einen Blick in Kapitel 6 »Medien und Hilfsmittel« und entscheide, ob im Vorhinein etwas davon bestellt oder durch dich organisiert werden muss.

2.7 Checkliste »Bevor es losgeht«

In dieser Checkliste sind bereits Aspekte aufgeführt, die erst in den späteren Kapiteln behandelt werden. Vorschlag: Kopiere die Liste und hake ab, was du schon kannst oder erledigt hast. Und komme auf die anderen Punkte zurück, wenn du die entsprechende Stelle im Buch gelesen hast.

Wozu? (Kapitel 3.3)	• Was will ich erreichen? • Geht es mehr darum zu informieren oder darum zu überzeugen? • Warum spreche ich? (Zwecksatz) • Was ist mein Auftrag? (Gab es eine Themen- oder Aufgabenstellung?) • Was ist mein Ziel?
Wer?	• Wer hört mir zu? Eventuell Namen recherchieren (Veranstalter*in, Entscheider*in, Organisation, Initiator*in der Preisverleihung …) • Wie viele Personen sind anwesend? • Gibt es interne Besonderheiten, Tabus, Fettnäpfchen oder Regeln bei der Veranstaltung? • Was interessiert mein Publikum? (Vorwissen, Bedürfnisse …) • Was muss, was kann und was sollte das Publikum erfahren? • Welches Durchschnittsalter hat das Publikum?

Was? (Kapitel 2 + 3)	• Worüber spreche ich? • Sind mir die nötigen Quellen bekannt? Gibt es eine Literaturliste? • Was sind die wichtigsten Fragen und Aussagen zu dem Thema? • Welche Einstellung, welchen Bezug habe ich zu dem Thema? • Welchen Aspekt finde ich selbst am wichtigsten?
Wie? (Kapitel 4 + 5)	• Welche Art der Visualisierung steht zur Verfügung / muss organisiert werden? • Welche Beispiele, Bilder, Analogien sollen angeführt werden?
Wo?	• Wo genau findet mein Vortrag statt? • Kenne ich den Raum? (Aussehen, Größe, Akustik, Abdunklungsmöglichkeiten …) • Wie wird die Sitzordnung/Bestuhlung sein?
Wann?	• Wie viel Zeit bleibt für die Vorbereitung? • Sind alle informiert? • Deadline für letzte Veränderungen festlegen. • Generalprobe einplanen.

3 Überzeugen anstatt Überreden

Das Thema steht? Dann geht es jetzt ans Lesen, Finden, Fakten-Sammeln. Sprich auch mit Menschen in deinem Umfeld über dein Vorhaben, denn wer weiß, ob du so nicht Dinge erfährst, die in keinem Buch oder Text stehen, oder auf Ideen kommst, die dich auf eine interessante Spur in deiner Recherche bringen.

3.1 Recherche

Je nach Thema kann es das eigene Bücherregal, die Schulbibliothek, die Stadtbücherei oder die Unibibliothek sein, in der sich das erste Buch findet, das genau zu deinem Thema passt. Hier ist das Angebot überschaubarer, und in den Bibliotheken gibt es Menschen, die beim Finden helfen können. Es kann gut sein, dass du dir eine lange Recherchezeit mit vielen Umwegen im Internet ersparst, wenn du stattdessen nur den Weg bis zur nächsten Bücherei auf dich nimmst. Die Titel der passenden Bücher kannst du natürlich auch übers Internet suchen, entweder im Onlineverzeichnis deiner Bücherei vor Ort (OPAC) oder in übergreifenden Bibliothekskatalogen wie Digibib.

3.1.1 Das Rechercheziel aufschreiben

Wenn das Thema feststeht, du das Ziel deines Vortrags festgelegt hast, dann überlege, noch bevor du Suchbegriffe in den Browser tippst, was genau du suchst. Eine Gliederung oder eine Liste kann helfen, das Rechercheziel nicht aus den Augen zu verlieren. Ein Blatt Papier und ein Stift können dabei nicht schaden.

Wenn du nicht weißt, wo du bei deiner Recherche ansetzen sollst, überlege, welche Fragen das Publikum zu deinem Vortragsgegenstand haben könnte. Diese Fragen können dich bei deiner Recherche leiten:

Infobox: Sich die Fragen des Publikums vergegenwärtigen

- Was ist es genau?
- Wie funktioniert das?
- Wem nützt es? Für wen oder was ist das wichtig?
- Wo, wann, wie oft, wieso ... tritt es auf / lebt es / wird es gebraucht?
- Worin liegt das Problem?
- Welche Schwierigkeiten gibt es?
- Welche Lösungen sind bekannt?
- Warum sollte ich darüber Bescheid wissen? Was habe ich davon?
- Wo spielt das eine Rolle in meinem Leben?
- Was soll ich jetzt mit dem Wissen tun?

3.1.2 Die geeignete Suchmaschine auswählen und benutzen

Bei vielen Browsern ist das Suchfenster auf eine Suche mit Google voreingestellt. Dabei gibt es viele weitere Suchmaschinen mit anderer Technik und verschiedenen Ansätzen, die entsprechend andere, vielleicht passendere Ergebnisse liefern können. Bing und Yahoo sind die größten Google-Konkurrenten in Europa und Amerika. Metasuchmaschinen wie Metacrawler und MetaGer nutzen mehrere Suchmaschinen und fassen deren Ergebnisse zusammen. Suchmaschinen, die auf Datenschutz achten und deine IP-Adresse nicht speichern, sind z. B.: Ixquick/Startpage, Qwant, DuckDuckGo und MetaGer. Darüber hinaus gibt es Suchmaschinen, die Teile ihres Anzeigengewinns in Umwelt- oder in Sozialprojekte stecken, z. B.: Ecosia, Gexsi und Benefind.

Die meisten Suchmaschinen durchsuchen das Netz nach den eingegebenen Stichwörtern, um dann Seiten zu liefern, deren Kontext möglichst zu den gesuchten Begriffen passt. Daneben gibt es semantische Suchmaschinen, die versuchen, den Sinn der Suchbegriffe zu verstehen, so dass sich auch eine Frage eingeben lässt, um darauf Antworten in Form von Daten, Grafiken oder Bildern zu erhalten.

Hilfreich im mathematischen Bereich kann das Programm »Step by Step Solutions« von Wolfram Alpha sein, bei dem alle Schritte zur Lösung einer mathematischen Aufgabe angezeigt werden. Überlege auch, ob eine spezielle Suchmaschine zum Finden von Pressetexten und Nachrichten für dich hilfreich sein könnte (Genios oder Paperball). Beim Durchsuchen wissenschaftlicher Datenbanken helfen WorldWideScience oder ScienceSearch.

Mit Hilfe von Operatoren und bestimmten Symbolen kannst du die Suchanfrage von Anfang an gezielt einschränken.

Infobox: Operatoren, Wildcards und Platzhalter

- … AND … / …+…

Auf den Trefferseiten sind beide Suchbegriffe zu finden (z. B. Hirsch AND Elch).

- … OR …:

Nur der eine oder nur der andere Begriff finden sich in den Treffern (z. B. Hirsch OR Elch).

- … NOT … / …-…

Treffer, die den ausgeschlossenen Begriff enthalten, werden nicht berücksichtigt (z. B. Hirsch NOT Jagd).

- "…"

Die genaue Wortgruppe wird gesucht, sinnvoll zum Beispiel bei Namen ("Rahel Hirsch").

- … NEAR …

Die gesuchten Wörter müssen nah beieinanderstehen (z. B. Elch NEAR Zoo).

- ? oder *

Ersetzt eine beliebige, unbekannte Zeichenfolge (z. B. *hirsch).

- .pdf

Sucht speziell nach den Adobe-Acrobat-pdf-Dokumenten, so dass wissenschaftlich angelegte Texte schneller gefunden werden.

3.2 Ergebnisse ordnen und Quellen prüfen

Im Internet geht viel Zeit verloren und am Ende weiß niemand mehr, wo sie geblieben ist. Setze deiner Suche deshalb inhaltliche und zeitliche Grenzen, noch bevor du anfängst. Stelle dir beispielsweise einen Wecker und unterbrich deine Suche regelmäßig, um die Ergebnisse zu überprüfen und Umwege zu erkennen, die deinen Zeitplan über den Haufen werfen. Eventuell musst du neue Suchziele festlegen.

Entwickle eine Methode, wie du Rechercheergebnisse festhalten willst, um später damit weiterarbeiten zu können. Es kann hilfreich sein, sie in unterschiedlichen Dokumenten zu sammeln, von allgemein bis speziell: Ein Dokument dient dazu, Buchtitel und Internetseiten festzuhalten, die vielleicht später noch interessant sein könnten, jetzt aber noch nicht dran sind. Ein weiteres Dokument ist für Gedanken, Stichwörter und kopierte Absätze reserviert, die wichtig scheinen, aber noch keinen Bezug zum Ganzen haben. Und ein Hauptdokument nutzt du, um schon erste Passagen für deinen Vortrag zu formulieren und Überschriften für Kapitel festzulegen, die du dann nach und nach mit Inhalt füllst.

Vergiss nicht, dass Texte und Bilder im Internet oft durch das Urheberrecht geschützt sind. Und selbst, wenn es sich um freie Quellen handelt, die du bedenkenlos vervielfältigen darfst, musst du bei jeder Passage, bei jedem Bild, das du in deine Unterlagen kopierst, die Quelle angeben. Auch wenn du vieles davon später nicht verwenden oder durch eigene Gedanken ersetzen wirst, solltest du das tun. Es kostet nämlich unnötig Zeit, die Quelle eines Zitates später nachzurecherchieren, was dann auch gern einmal ›vergessen‹ wird. Aber bei Plagiarismus handelt es sich um den Diebstahl geistigen Eigentums – ein schwerwiegendes Delikt! Wenn dein Vortrag aufgezeichnet oder deine Folien ins Internet gestellt werden, wird eine solche Unterlassung leicht entdeckt. Und wenn aus deinem Vortrag später eine Haus- oder Abschlussarbeit wird, und du die Quellen zuvor nicht ordentlich festgehalten hast, hast du wahrscheinlich längst vergessen, in welchem Buch du das so passende Zitat gefunden hast. Gibst du deshalb die Quelle nicht korrekt an, läufst du Gefahr, aufgrund eines Plagiats durch die Prüfung zu fallen.

Welche Zeilen es überhaupt wert sind, wörtlich zitiert zu werden, ist gar nicht so leicht herauszufinden – jedenfalls wenn man neu in einem Thema ist. Zum einen gibt es Fachaufsätze und Artikel von Menschen, die öfter zu dem jeweiligen Thema geschrieben haben, auch weil ihr Beruf mit dem Thema zu tun hat. Hier solltest du herausfinden und berücksichtigen, in welchem Rahmen der betreffende Artikel erschienen ist, welche (Online-)Zeitung ihn veröffentlicht hat und ob diese auf das Thema spezialisiert ist. Dem gegenüber stehen Blogartikel, Videos und Memes von Influencer*innen, die zu vielen Themen Wichtiges beitragen können. Aber bevor du diese zitierst, musst du klären, ob es sich bei ihren Aussagen um ihre persönliche Erkenntnis und Meinung handelt oder ob sie nur etwas auf ihre Art wiedergeben, das längst von einer anderen Person erforscht und in einem Fachaufsatz erklärt wurde. Je wissenschaftlicher dein Vortrag sein soll, desto wichtiger ist es, die Quelle zu nennen, in der ein Sachverhalt zuerst erläutert wurde, und die Person zu zitieren, die darüber geforscht hat. Weniger wichtig sind jene Personen, die in zweiter, dritter und siebter Instanz auch noch etwas dazu geschrieben haben.

Soll heißen: Wiki ist eine prima Quelle für den Einstieg in ein Thema, aber zitiert werden sollte das Buch oder die Person, auf die Wiki sich in den Fußnoten beruft. Recherchieren muss also geübt werden: Zum einen muss man lernen, zwischen vertrauenswürdigen Quellen und ›Fake News‹ zu unterscheiden, und zum anderen muss sich eine Routine einstellen, die hilft, aus der Fülle an Wissenswertem das herauszufiltern, was die eigene Recherche auch wirklich voranbringt. Das Identifizieren und Weglassen von nicht relevanten Fakten ist schwieriger, als Informationen zu finden.

3.3 Am Anfang steht das Ziel

Wer verstanden werden möchte, muss erst einmal selbst wissen, was er*sie will. Wohin soll die Reise gehen? Was ist das Ziel des Vortrags? Was ist seine Botschaft? Was soll sich das Publikum merken? Was soll es tun? Bevor du dich vor Menschen stellst, um zu ihnen zu sprechen, kläre erst einmal für dich, wohin du dein Publikum überhaupt mitnehmen möchtest, damit der Weg dorthin nicht in Sackgassen mündet oder über Umwege führt. Du solltest diesen Weg selbst schon gegangen sein und ihn verstanden haben. Denn das Gesagte kann von deinem Publikum nicht besser verstanden werden, als es von dir gedacht wurde.

Die Vorbereitung der Rede beginnt also mit dem Ende: Sobald dein Thema feststeht, ist die Formulierung eines Zwecksatzes dran. Fasse hierzu das Ziel bzw. die Botschaft deines Vortrags in einem einzigen Satz zusammen, der dein Anliegen auf den Punkt bringt. Das mag Mühe machen und ist manchmal gar nicht so einfach, aber wenn es dir gelungen ist, dann wird dir der weitere Aufbau des Vortrags sehr viel leichter fallen. Denn erst deine Redeabsicht zeigt, welche Gliederung am besten zu deinem Vortrag passt. Formuliere also für deine geplante Rede den Zwecksatz deines Vortrags und fasse dein Thema in einer Überschrift, in einer einladenden Schlagzeile zusammen. Nimm dazu eine Karte und mache das schriftlich. Es soll aber am Ende wirklich nur ein Satz darauf stehen.

Die folgenden Satzanfänge helfen dir dabei:

- Ich will, dass mein Publikum …
- Wenn ein Großteil der Leute im Raum …, dann habe ich mein Ziel erreicht.
- Ich möchte mein Publikum davon überzeugen, dass …

Der antiken Rhetoriktheorie zufolge haben Redner*innen die Aufgabe, in verschiedener Weise auf ihr Publikum einzuwirken, die jeweils von der Situation und dem Redeanlass abhängt. Mal ist eine emotionale Ansprache passender, mal liegt der Fokus auf der intellektuellen, rationalen Ansprache. In der römischen Rhetorik werden drei Wirkungsarten unterschieden: *docere* (lehren), *delectare* (erfreuen) und *movere* (bewegen), oder anders gesagt: Informieren, unterhalten und motivieren gehört zu den ›Aufgaben des Redners‹ (*officia oratoris*).

> »So konzentriert sich die gesamte Redekunst auf drei Faktoren, die der Überzeugung dienen: den *Beweis* der Wahrheit dessen, was wir vertreten, den *Gewinn der Sympathie* unseres Publikums und die *Beeinflussung* seiner Gefühle im Sinne dessen, was der Redegegenstand jeweils erfordert.«
>
> Cicero: *De oratore. Über den Redner*. 2.115.

Wer spricht, will etwas erreichen mit den gewählten Worten, und kein Publikum kann von etwas überzeugt werden, ohne dass es durch Informationen, Unterhaltung und emotionale Eindrücke dorthin geführt wird. Folgende Redeziele lassen sich unterscheiden:

Infobox: Redeziele

- *Die Rednerin möchte ihr Publikum informieren.*

Beispiel: »Das Mikroplastik, das sich im menschlichen Blut nachweisen lässt, stammt aus weggeworfenen Verpackungen, Waschmitteln und Kosmetik-Produkten.«
Ziel: Davon zu überzeugen, dass es wichtig ist, gegen Plastikverpackungen vorzugehen.

- *Der *die Vortragende will das Publikum motivieren.*

Beispiel: »Wir wissen schon so lange Bescheid, wir kennen die Folgen und wir haben Lösungen erarbeitet. Jetzt setzen wir sie endlich um!«
Ziel: Beim Publikum eine innere Bereitschaft auslösen, damit es bereit ist, zu handeln.

- *Die Sprecherin unterhält ihr Publikum.*

Beispiel: Sie setzt Anekdoten und Beispiele ein, Stilwechsel im Sprechen, eine beteiligte Mimik und lebendige Körpersprache …
Ziel: Akzeptanz durch Sympathie erreichen und damit die Bereitschaft, den Vorschlägen der Sprecherin zu folgen.

- *Der Redner drückt aus, wie er sich fühlt.*

Beispiel: Er erzählt ein persönliches Erlebnis, das ihn emotional berührt hat, und fasst seine Gefühle in Worte. (Besonders bei Anlässen, bei denen eine Person im Mittelpunkt steht, z. B. Reden bei einem Geburtstag, einem Jubiläum, einer Hochzeitsfeier.)
Ziel: Das Publikum soll sich der Bewertung des Redners anschließen.

Diese Redeziele gehen meist ineinander über, sie müssen sich nicht klar voneinander trennen lassen, denn in einer guten Rede sind alle enthalten: Die Rede soll informieren, aktivieren, das Publikum unterhalten und die Stimmung der*des Vortragenden vermitteln. Am Ende steht das Ziel, das Publikum zu beeinflussen, egal ob in der Kirche, in der Politik, an der Uni oder in einer Teamsitzung am Arbeitsplatz. Der*die Abgeordnete will die Zuhörer*innen überzeugen, für sie zu stimmen. Die Pfarrerin will, dass die Gemeindemitglieder auf Gott hören oder wiederkommen. Und wenn in der Schule, an der Uni oder im Beruf die Wissensvermittlung im Fokus steht, will der Lehrer, die Dozentin oder die Abteilungsleiterin dieses Wissen weitergeben und braucht dafür motivierte Mitarbeiter*innen bzw. eine interessierte Kundschaft.

3.4 Wo beginnt Manipulation?

»Das Publikum lauschte hingerissen.« – Wünschen sich das nicht alle, die vor einer Gruppe stehen und eine Botschaft haben? Wahrscheinlich schon. Aber interessant ist dann die Frage, warum jemand sein Publikum unbedingt ›hinreißen‹, es also ›packen‹ möchte, gar ›fesseln‹ und ›mitreißen‹? Wäre es nicht schöner, es würde dem Vortrag freiwillig und selbstbestimmt folgen? Und wenn doch so viel Gewalt notwendig ist, wie diese Begriffe andeuten, kann man dann überhaupt noch von ›überzeugen‹ sprechen? Oder müsste es nicht vielmehr ›manipulieren‹ heißen? Wo hört Überzeugen auf, und wo fängt Manipulation an? Vielleicht einigen wir uns zunächst einmal hierauf:

»Du kannst von dem, was Du nicht fühlst, nicht reden.«

William Shakespeare: *Romeo und Julia.* III,2.

Wer vom eigenen Thema gelangweilt, von seinem Vortrag nicht überzeugt ist, wird auch schwer andere damit überzeugen. Das heißt nicht, dass du dich nicht für etwas einsetzen kannst, das für dich sonst im Alltag keine große Rolle spielt. Wenn du dein Publikum überzeugen möchtest, musst du nicht zwingend selbst von der Sache überzeugt sein, aber du musst dich doch in diese Rolle versetzen, damit dein Vortrag die Energie und die Kraft bekommt, um andere auf deinen Gedankengang mitzunehmen.

Man kann also durchaus einen Karottenhobel an andere verkaufen, obwohl man selbst gar keine Karotten mag. Man kann andere von der Wichtigkeit einer Sache überzeugen, ohne dass sie für einen selbst wichtig sein muss. Aber wer selbst erfahren hat, wie lästig es ist, Karotten von Hand zu hobeln, wird auch dann ein Gerät, das eine schnellere Methode verspricht, besser verkaufen, selbst wenn die Person für sich selbst eine ganz andere Lösung gewählt hat und Karotten immer schon als fertigen Salat kauft. Wer einen Bedarf erkennt, kann dem Publikum erklären, warum der eigene Vorschlag prima auf die Situation passt, und kann damit, wenn es gut läuft, das Publikum mit den eigenen Vorschlägen und Argumenten überzeugen. Erst wenn die Sprecherin einer Person erfolgreich einredet, sie hätte angeblich einen Bedarf, den sie aber in Wirklichkeit gar nicht hat, zum Beispiel weil die Person schon fünf Karottenhobel besitzt, dann spricht man nicht mehr von Überzeugung, sondern von Manipulation.

Bei dieser Unterscheidung ist also das Ziel entscheidend: Geht es ausschließlich um dich, deine Ziele und deinen Vorteil, also darum, dass du möglichst viele Karottenhobel verkaufst, sogar an Leute, die eine Karottenallergie haben? Oder hast du die Bedürfnisse des Publikums im Blick, geht es um etwas, das für das Publikum von Nutzen ist, von dem es am Ende einen wirklichen Vorteil hat, weil dein Karottenhobel die Küchenarbeit erleichtert?

Im Privaten oder Beruflichen geht es ständig darum, die eigenen Ziele durchzusetzen. Und wer von anderen etwas möchte, wird, je wichtiger die Sache ist, alles daransetzen, dies zu erreichen. Zwischen Überzeugung und Manipulation zu unterscheiden, ist deshalb so schwierig, weil die Grenze zwischen beiden Bereichen fließend ist und stark von der jeweiligen Perspektive abhängt. Was ist noch gerechtfertigt, was ist schon verwerflich? Wer allerdings die eigenen Ziele vor dem Publikum versteckt und, um diese durchzusetzen, Mittel wählt, die nicht zu durchschauen sind, bedient sich der Manipulation. Und obwohl wir heute aus der Geschichte gelernt haben, Autoritäten zu hinterfragen, lassen wir uns trotzdem manipulieren, zum Beispiel von Medien, von Werbung oder Politik. Der Mensch ist und bleibt manipulierbar, weil ihm viel daran liegt, von anderen anerkannt und beachtet zu werden. Und wenn etwa eine anerkannte Autorität etwas fordert, lassen sich Menschen besonders leicht zu etwas verleiten, das sie in einer anderen Situation als moralisch verwerflich eingestuft und abgelehnt hätten.

Dagegen meint die *ars bene dicendi*, die Kunst, gut zu reden, dieses ›gut‹ im doppelten Sinne: gut zu sprechen und gleichzeitig damit das Gute (also das Richtige) zu sagen. In Europa wurde dieses Verständnis der Rhetorik von den Nazis missachtet. Sie missbrauchten die Kunst der Rede zur Propaganda, nicht um das Gute zu erreichen, sondern um das Böse durchzusetzen. Damit hat die NS-Zeit dem Ansehen der Rhetorik in Europa stark geschadet, während in den USA die Tradition der Rhetorik ungebrochen blieb und sie dort lange Zeit selbstverständlicher als Wissenschaft betrachtet und weitervermittelt wurde.

Die Vorstellungen von guter Rhetorik scheinen sich zwischen den USA und Europa zudem deutlich zu unterscheiden. So kommt es in Deutschland tendenziell häufiger vor, dass Personen einen Vortrag oder ein Statement im Fernsehen positiv bewerten, obwohl sie aufgrund der komplexen Formulierungen nur wenig verstanden haben: »Es war kompliziert. Ich kann nicht richtig folgen und auch nicht mitreden, aber die Sache muss wichtig sein. Schließlich stammen die Äußerungen von einem Experten.« Lassen sich diese Personen also tendenziell durch eine komplexe Redeweise manipulieren?

In den USA dagegen kommen Redebeiträge gut an, die in kurzen Sätzen klare Aussagen treffen, auch Rührung bis hin zu Tränen sind dem*der Vortragenden erlaubt, was für ein deutsches Publikum vielleicht zu pathetisch oder zu schlicht wirkt. Aus der Ferne kann man sich fragen, warum solch offensichtliches Pathos nicht vom amerikanischen Publikum als durchschaubare Manipulation abgelehnt wird. Umgekehrt fragt man sich in den USA vielleicht, wann sich in Europa wohl herumsprechen wird, dass Emotionalität in der Rede Nähe schafft und deshalb nicht per se abgelehnt werden sollte.

Und tatsächlich sollte man sich bewusst machen: Lehnen wir bestimmte rhetorische Mittel ohne rationalen Grund ab, obwohl sie funktionieren, und befassen wir uns nicht näher damit, dann erkennen wir auch nicht, wenn andere sie bei uns selbst anwenden.

3.5 Ethos – Pathos – Logos

Die antike Rhetorik, die sich auf das allererste Lehrbuch der Rhetorik von Aristoteles bezieht, versteht sich als Kunst der Überzeugung, nicht der Überredung. Drei Arten des Überzeugens stehen dabei im Mittelpunkt: *ethos*, *pathos* und *logos*. Sie bilden das sogenannte ›rhetorische Dreieck‹.

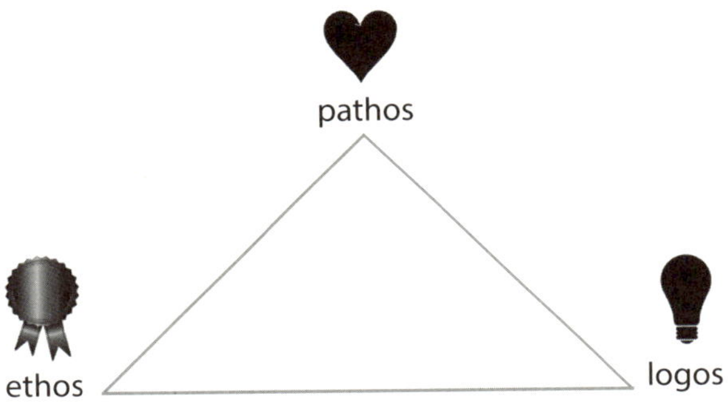

Abb. 1: Das rhetorische Dreieck.

Die Herausforderung für Redner*innen besteht darin, die jeweils zur eigenen Redeabsicht passende Balance zwischen diesen drei Arten des Überzeugens zu finden.

Infobox: Die drei Arten des Überzeugens

- *ethos*

Auf die Glaubwürdigkeit und Vertrauenswürdigkeit des Redners, der Rednerin setzen.

Beispiele: Persönliche Qualifikation, Autorität, Bekanntheit, Zitate von Fachleuten …

- *pathos*

Auf emotionale Wirkung setzen.
Beispiele: Geschichten, persönliche Erfahrungen, Humor, persönliche Fotos, Dialekt …

- *logos*

Rationale Argumentation einsetzen.
Beispiele: Statistiken, Studien, Zahlen, Fakten, die logische Anordnung von Argumenten und Informationen …

Dem griechischen *logos* entspricht die römische Redeaufgabe des *docere*, des Lehrens und Informierens, das aus zwei Stufen bestehen kann: Entweder beschränkt es sich auf die erste Stufe der reinen Mitteilung von Fakten oder es wird auf zweiter Stufe verstärkt durch den Beweis als Argument oder eine komplexe Argumentationskette, wie sie im Folgenden erläutert wird.

3.6 Das Argument und Argumentationstechniken

Ein Argument stützt das Anliegen des Vortrags, es begründet die Meinung der*des Sprechenden und macht so den Vortrag glaubwürdiger.

Ein rhetorisches Argument besteht aus einer These oder Behauptung, die durch Einzelbeobachtungen, Experimente, Beispiele oder Messungen ergänzt wird. In jedem Fachbereich wird argumentiert, z. B. bei einem technischen Aufbau, der

Erklärung eines naturwissenschaftlichen Experiments oder der Diskussion eines Forschungsergebnisses. Immer geht es um die Richtigkeit der Sache, um das Belegen von Vermutungen. Immer soll das Publikum überzeugt werden, etwas Bestimmtes zu tun, zu denken, zu kaufen oder zu wählen. Wer zu einer Gruppe spricht, möchte, dass die Zuhörer*innen die Überlegungen der*des Redenden nachvollziehen können und ihnen folgen. Wenn also etwas logisch-stringent und schlüssig dargelegt wird, wird immer auch argumentiert.

Beim Aufbau einer Argumentation werden mehrere einzelne Argumente zu einer Argumentationskette zusammengefügt, um so die Kernaussage des Vortrags, die These oder Leitfrage zu stützen. Es gibt unterschiedliche Konzepte dafür, in welcher Reihenfolge Argumente vorgebracht werden: Das stärkste Argument kann am Anfang stehen, um die Aufmerksamkeit zu wecken, oder aber auch am Ende, um einen bleibenden Eindruck zu hinterlassen.

Infobox: Aufbau eines Arguments

1. *These:* Behauptung, Urteil, Bewertung
2. *Argument:* Begründung
3. *Stütze des Arguments:* Zitat, Beispiel, Experiment, Studie, Umfrage
4. *Schlussfolgerung*

Beispiel:
1. *These:* Beim Radfahren sollte ein Helm getragen werden.
2. *Argument:* Bei einem Sturz verringert der Helm die Gefahr, sich schwer zu verletzen.
3. *Stütze des Arguments:* Eine Studie hat gezeigt, dass … (evtl. erweiterte Argumentation, z. B. durch ein Zitat aus der Studie).
4. *Schlussfolgerung:* Deshalb setze ich mich für eine gesetzliche Helmpflicht ein.

3.7 Eine Auswahl an Argumentationstechniken

Es gibt eine große Bandbreite unterschiedlichster Argumentsorten, hier ein paar Beispiele. Nicht immer sind alle Techniken gleichermaßen gut geeignet, andere scheiden ganz aus, weil sie nicht argumentierend, sondern manipulierend, bisweilen diffamierend sind.

Infobox: Eine Auswahl an Argumentationstechniken

- *Rationale Argumentation*

Durch logische Beweisführung: »Die Deutschen verbrauchen rund 37 Kilo Plastik pro Kopf im Jahr, nur 9 % davon wird recycelt. Also müssen wir unseren Verbrauch reduzieren, um die Umwelt zu schützen.«

- *Autoritätsargument*

Sich auf eine Expertise oder eine Autorität beziehen: »Wenn die Bienen sterben, sterben vier Jahre später auch die Menschen aus, sagt Albert Einstein.«

- *Vor Augen führen*

Eine eigene These wird durch ein ›Beweisstück‹ untermalt, indem z. B. ein Buch, Schaubild, Foto, eine Zeichnung oder ein Experiment gezeigt wird.

- *Empirisches Argument*

Beruht auf persönlicher Erfahrung oder Wahrnehmung: »Ich habe selbst die Erfahrung gemacht, dass …«

- *Vergleich*

Ein Vergleich soll einen Sachverhalt veranschaulichen und auf eine andere Ebene heben: »Ein Mensch ohne Smartphone ist wie ein Fisch in der Wüste.«

- *Entweder … oder*

Nur zwei von mehreren Möglichkeiten aufzeigen: »Entweder wir gehen damit vor Gericht, oder wir machen uns lächerlich.«

- *Ethisch-moralisches Argument*

Die ethische Argumentation bezieht sich auf das Gute im Menschen: »Wollen nicht alle Eltern das Beste für ihr Kind?«

- *Vorwegnahme*

Ein erwartetes Gegenargument entkräften, noch bevor es ausgesprochen wird: »Jetzt denken Sie wahrscheinlich, das nützt ja nichts. Tatsächlich ist es aber so, dass …«

- *Isolierungstechnik*

Die gegnerische Seite als Außenseiterposition darstellen: »90 Prozent aller Großküchen haben inzwischen diesen Karottenhobel.«

- *Argumentum ad rem*

Argument in Bezug auf die Sache: »Sie haben behauptet, ein bedingungsloses Grundeinkommen führt dazu, dass Menschen nicht mehr arbeiten. Das ist falsch. Die Studie von XY belegt, dass …«

- *Argumentum ad hominem*

Anstatt *ad rem*, also zur Sache, zu argumentieren, bezieht man sich hier auf eine Person der gegnerischen Seite und hebt ihre Verhaltensweisen oder Eigenschaften kritisch hervor mit dem Ziel, ihre Autorität infrage zu stellen: »Da Sie weder Pädagoge sind noch selbst Kinder haben, fehlt Ihnen offenbar das nötige Hintergrundwissen.«

- *Argumentum ad personam*

Im Unterschied zum *argumentum ad hominem* wird hier eine Person direkt angegriffen, auch beleidigend und grob. Es handelt sich also um keine Argumentationstechnik (auch wenn es so wirken kann), sondern es ist ein Angriff, der das Ziel hat, eine Person zu diskreditieren und eine Diskussion zu zerstören. Es wird komplett vom diskutierten Sachverhalt abgelenkt und die betreffende Person in den Fokus gerückt. (Zum Beispiel, wenn Menschen Greta Thunberg als »verhaltensgestört« beschimpfen, anstatt ihren Aussagen zum Klimawandel Inhaltliches entgegenzusetzen.)

4 Gliederung

Ein guter Vortrag verfügt sowohl über eine klare äußere als auch über eine nachvollziehbare innere Ordnung. Zur äußeren Gliederung eines Vortrags gehört dabei mehr als eine grobe Einteilung in Einleitung, Hauptteil und Schluss. Vor allem der Hauptteil braucht eine feinere äußere Ordnung, die inhaltlich zusammengehörige Teile in eine nachvollziehbare Abfolge gruppiert. Die innere Ordnung deines Vortrags entsteht, sobald Sätze nicht beliebig aufeinanderfolgen, sondern untereinander Bezüge hergestellt werden.

Auf dem Papier machen Kapitelüberschriften, Untertitel, Leerzeilen und Absätze sichtbar, welche Teile des Textes zusammengehören, wo Sinnabschnitte liegen. Und der Vortrag braucht hierfür eine akustische Entsprechung: Pausen wirken wie Absätze, eine rhetorische Frage kann eine Überschrift ersetzen. Dem Fettdruck entspricht die Wortbetonung, eine Geste unterstreicht ein Wort.

Wenn die äußere Ordnung des Vortrags in schriftlicher Form auf einer Folie oder einem Plakat sichtbar gemacht wird, hat das Publikum es leichter, sich zurechtzufinden. Das passiert am besten schon zu Beginn des Vortrags, denn wer die Erwartungshaltung des Publikums von Beginn an steuert, muss nachher keine Enttäuschungen ausbalancieren. Selbst in einem Kurzvortrag ist Zeit für einen Einleitungssatz, der die Gliederung vorstellt, denn auch der Minuten-Vortrag ist mehr als eine Ansammlung zufälliger Assoziationen.

Infobox: **Beispiel für eine Vortragsgliederung**	
Einleitung	Begrüßung Evtl. ›Ohröffner‹ (kurze Anekdote, mitgebrachter Gegenstand …) Thema nennen / Gliederung bekanntgeben Vorstellung / Name / persönlicher Bezug zum Thema (falls frei gewählt)
Hauptteil	Sachargument 1 Sachargument 2 Gefühlsargument
Schluss	Zusammenfassung Schluss-Satz + »Vielen Dank« (Stehen bleiben und auf Fragen reagieren)

4.1 Einleitung

Anstatt mit der Tür ins Haus zu fallen, klopfe erst einmal an und finde heraus, ob überhaupt jemand da ist. Soll heißen: Nimm zu deinem Publikum Kontakt auf! Schau in die Runde, ob alle sitzen, ob sie bereit sind, dir zuzuhören oder ob die Tür noch offensteht, weil Stühle hereingetragen werden. Das geht ganz ohne Worte, denn den Einstieg übernimmt deine Körpersprache: Deine Haltung, dein Blickkontakt und dein Standort ersetzen jedes »So« oder »Also, dann fange ich mal an«.

Dann ist die Begrüßung dran. Ob du dich für »Hallo«, »Guten Tag« oder »Sehr geehrte Damen und Herren« entscheiden solltest – das bestimmt der Anlass. Stelle dich mit Namen vor, vor allem, wenn nicht nur deine Klasse oder dein Seminar anwesend ist. Denn wer dich nicht kennt, möchte erstmal wissen, wer jetzt spricht und auch warum. Wenn du dir das Thema frei aussuchen durftest, kannst du kurz von deinem persönlichen Bezug hierzu erzählen. Wenn es in diesem Zusammenhang ein spezielles persönliches Erlebnis gibt, einen Moment, der es wert ist, erzählt zu werden, schlägst du zwei Fliegen mit einer Klappe: Du beantwortest die unausgesprochene Frage »Wie kommt sie denn ausgerechnet auf dieses Thema? Wieso findet er grade das interessant?« Und gleichzeitig kannst du mit einer kurzen Geschichte für eine gute Stimmung sorgen, so dass die Leute auf das, was kommt, Lust bekommen.

Jedes Publikum möchte zu Beginn wissen:

- Was passiert jetzt? Worum geht es da vorn überhaupt? Werde ich informiert? Soll ich von etwas überzeugt werden? Oder muss ich gleich etwas tun?
- Wer ist das, wer will mir was erklären?
- Wieso eigentlich soll ich da überhaupt zuhören, lohnt sich das für mich?

Löse in deiner Einleitung noch keine Rätsel, verrate nicht zu viel, aber gib einen kurzen Ausblick auf dein Thema und lass dein Publikum nicht im Dunkeln darüber, wozu du ihm all das erzählst, was du vorbereitet hast.

Infobox: Einstieg in den Vortrag

1. Materialien bereithalten (Stichwortzettel, Marker, Datenstick, Objekte …).
2. Aufstehen und zur Bühne gehen.
3. Abhängig vom Rahmen des Vortrags: sich vorstellen lassen und dabei freundlich ins Publikum schauen.

4. Arbeitsplatz herrichten (Datenstick ins Laptop stecken, Fernbedienung, Uhr, Stifte usw. bereithalten).
5. [Falls vorher keine Zeit war: Technik-Check durchführen.]
6. Startfolie zeigen.
7. Standort für den Beginn einnehmen (Bühnenmitte, Pult, Nähe des Laptops …).
8. Blicke sammeln, nonverbale Kontaktaufnahme mit der ganzen Runde.
9. Ausatmen.
10. Publikum begrüßen.
11. Vorstellung der eigenen Person ergänzen. [Falls Punkt 3 ausfiel: sich selbst vorstellen und das Thema nennen.]
12. Ins Thema einsteigen.

4.2 Der Hauptteil und die Fünfsatz-Methode

Zwischen Einleitung und Schluss steht der gegliederte Hauptteil des Vortrags. Wenn du ihn nicht gut vorbereitest und durchdenkst, ist die Wahrscheinlichkeit groß, dass er bloß aus einer Kette von aneinandergehängten Assoziationen bestehen wird, die so zufällig aufeinanderfolgen, wie sie dir gerade einfallen. Die Glieder der Kette folgen dann keiner bestimmten und für das Publikum logisch nachvollziehbaren Ordnung.

Nur wer die Regeln zur Gliederung verinnerlicht hat, im Improvisieren geübt ist und schon oft zu anderen über sein Fachthema gesprochen hat, der kann auch einen Spontanvortrag überzeugend gestalten. Alle anderen sollten auf die Gliederung des Hauptteils viel Sorgfalt verwenden, um nicht zu riskieren, dass die präsentierten Punkte beliebig erscheinen und der Vortrag an Überzeugungskraft verliert.

Achte also im Hauptteil darauf, dass deine Argumente sinnvoll aufeinander folgen und sich gegenseitig stärken. Wenn du deine Punkte darüber hinaus mit Beispielen – vielleicht sogar mit einem Experiment – anschaulich machst, Bilder zeigst, dem Publikum ein Anliegen wörtlich ›vor Augen‹ führst (vgl. Kap. 6 »Medien und Hilfsmittel«, S. 60), wird aus vielen einzelnen Punkten ein verständliches und überzeugendes Ganzes.

Die Fünfsatz-Methode hilft, eine große Sammlung von Argumenten auf die wesentlichen zu reduzieren und logisch aufeinander zu beziehen. Im Folgenden werden einige Beispiele für solche Argumentationsketten vorgestellt.

Die Reihe

Eine einfache Methode ist die Aneinanderreihung von Argumenten, entweder für oder gegen einen Sachverhalt. Hier werden noch keine Argumente einander gegenübergestellt.

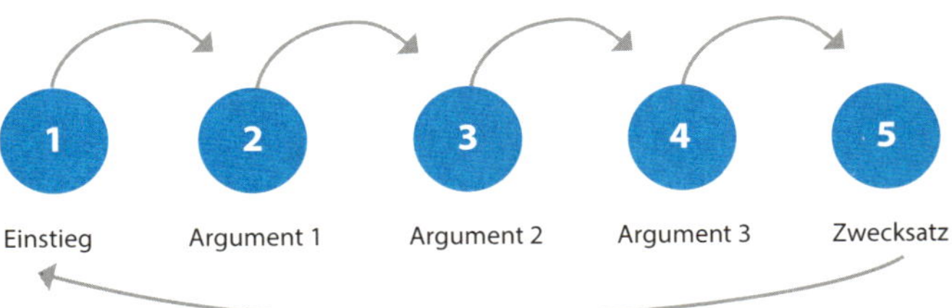

1. *Einstieg:* »Es geht um den Sachverhalt XY. Lassen Sie mich hierzu drei Argumente nennen: …«
2. *Argument 1:* »Zum einen …«
3. *Argument 2:* »Zum anderen …«
4. *Argument 3:* »Und vor allem …«
5. *Zwecksatz:* »Deshalb ist es wichtig, dass wir …«

Beispiel:

1. *Einstieg:* »In der Schulkonferenz wird es eine Abstimmung darüber geben, ob der Pausengong abgeschafft werden soll.«
2. *Argument 1:* »Zum einen wird dann der Unterricht nicht mehr abrupt durch das Klingeln abgebrochen oder Doppelstunden unterbrochen.«
3. *Argument 2:* »Zum anderen hilft es Schülerinnen und Schülern mehr Selbstständigkeit zu entwickeln.«
4. *Argument 3:* »Und vor allem wird die Schulatmosphäre ruhiger und entspannter.«
5. *Zwecksatz:* »Deshalb hat die Schülervertretung entschieden, bei der Schulkonferenz für die Abschaffung zu stimmen.«

Dialektischer Fünfsatz

Dialektik als philosophische Methode bedeutet, dass einer Position immer auch eine Gegenposition gegenübergestellt werden muss. Wenn beide Positionen, also Pro und Contra, genannt und offen thematisiert werden, stärkt das die eigene Schlussfolgerung.

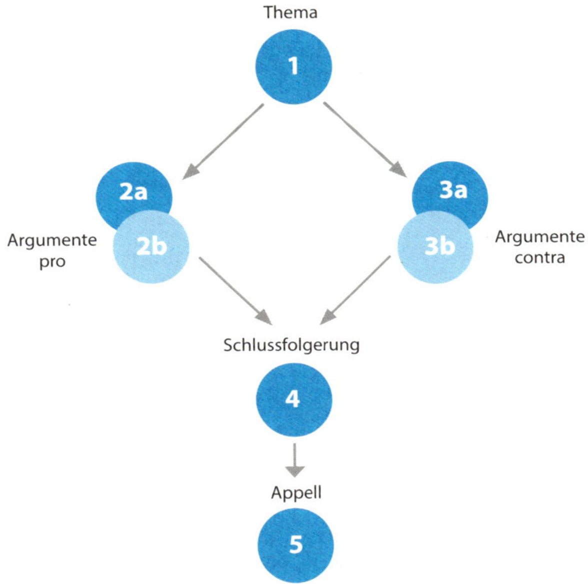

1. *Thema/Problem:* Vorstellung des Vortragsgegenstandes
2. *Pro:* Ein oder zwei Argumente für eine Position
3. *Contra:* Ein oder zwei Argumente gegen eine Position
4. *Synthese:* Schlussfolgerung / eigener Standpunkt
5. *Appell:* Aufforderung des Publikums zu einer entsprechenden Reaktion

Beispiel:

1. *Problem*: »Sollen Bachelor-Studiengänge abgeschafft werden?«
2. *Pro:* »Bachelor-Studiengänge sind zu starr und zu kurz, es bleibt keine Zeit für Forschung.«

3. *Contra:* »Der Bachelor ist ein international anerkannter Studienabschluss, es würde schaden, wenn deutsche Unis eine Sonderrolle wählen.«
4. *Synthese:* »Wer ein gutes Studium haben möchte, sollte nach dem Bachelor-Abschluss nicht aufhören, sondern einen Master-Abschluss anhängen.«
5. *Appell:* »Universitäten sollten mehr Werbung für den Master-Abschluss machen.«

Überzeugung

Wenn wir andere überzeugen wollen, ist es sinnvoll, eine schlüssige Argumentationskette zu präsentieren. Man beginnt mit dem schwächsten Argument und steigert die Stichhaltigkeit der eigenen Meinung mit jedem weiteren Argument.

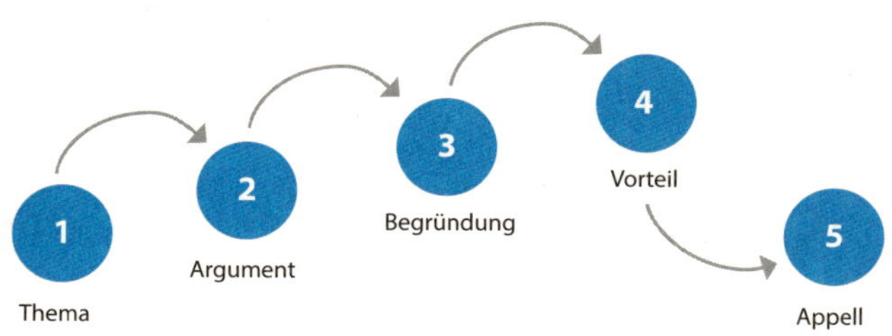

1. *Thema:* Anliegen/Forderung formulieren
2. *Argument:* Argument für das Anliegen anführen
3. *Begründung:* Ein weiteres Argument zur Begründung anführen
4. *Vorteil:* Den Nutzen des Anliegens / der Forderung herausarbeiten
5. *Appell:* Aufforderung des Publikums zu einer entsprechenden Reaktion

Beispiel:

1. *Thema:* »Kein Ausbau der Umgehungsstraße in Tupfingen!«
2. *Argument:* »Größere Straßen ziehen mehr Verkehr an.«
3. *Begründung:* »Die Studie in der Vergleichsstadt belegt dieses Problem.«
4. *Vorteil:* »Die Natur der Gemeinde bleibt unversehrt.«
5. *Appell:* »Unterschreiben Sie die Petition.«

Berichtigung

Die eigene Meinung wird einer anderen, gegensätzlichen, gegenübergestellt. Diese Methode funktioniert ähnlich wie die Überzeugung, allerdings beginnt sie mit einer Behauptung der Gegenseite, die widerlegt wird.

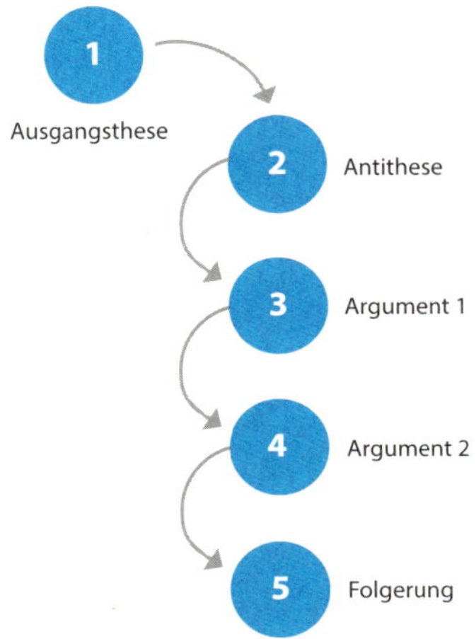

1. *Ausgangsthese:* »Mein Vorredner (Name) hat gesagt …«
2. *Antithese / eigene Meinung:* »Doch ich bin der Meinung …«
3. *Argument 1 für die eigene These:* »Denn …«
4. *Argument 2 für die eigene These:* »Außerdem …«
5. *Folgerung:* »Folglich …«

Beispiel:

1. *Ausgangsthese:* »Sie sagten eben, es sei erwiesen, dass Frauen mehr sprechen als Männer.«
2. *Antithese / eigene Meinung:* »Tatsächlich sitzen Sie damit einem weitverbreiteten Mythos auf.«
3. *Argument 1 für die eigene These:* »Es gibt nur ganz wenige Studien, die überhaupt einmal die Anzahl gesprochener Wörter von Frauen und Männern über einen bestimmten Zeitraum ausgezählt und verglichen haben.«
4. *Argument 2 für die eigene These:* »Und das Ergebnis einer der aktuellsten Studien hat gezeigt, dass die Geschlechterunterschiede minimal sind. Die Person, die die wenigsten Wörter am Tag gesprochen hat, war ein Mann. Und die Person, die die meisten Wörter gesprochen hat, war ebenfalls ein Mann.«
5. *Folgerung:* »Viel wichtiger, als nach einem Geschlechterunterschied zu suchen, wäre also die Frage, in welchen Situationen Frauen bzw. Männer ihre Meinung äußern bzw. wodurch es ihnen erschwert wird.«

Infobox: Tipps für die Fünfsatz-Methode

- Es gibt keine verbindlichen Regeln für die Länge eines Fünfsatzes, aber er verliert an Wirkung, wenn der Begriff wörtlich genommen wird, und alle Inhalte in tatsächlich nur fünf Sätzen verpackt sind. Damit die Aussage nicht an Klarheit verliert, sollte man Schachtelsätze vermeiden (vgl. Kap. 5 »Verständlichkeit«, S. 51).
- Die Struktur des Fünfsatzes darf ruhig deutlich werden, indem die gedanklichen Schritte in fünf Abschnitte eingeteilt werden, die klar unterteilt vorgetragen werden und nicht unmerklich ineinanderfließen.
- Ein Argument gewinnt an Überzeugungskraft, wenn es nicht mit zu vielen zusätzlichen Begründungen und Einschüben verwässert wird.
- Die stärksten Argumente sollten ans Ende gestellt werden. Das letzte Argument ist das wichtigste.

4.3 Schluss

»So, das war's eigentlich«. Diesen Abschlusssatz brauchst du nur, wenn du nicht auf den Schluss vorbereitet bist. Er liefert keine hilfreiche Information für dein Thema, nur den etwas hilflosen Hinweis, dass jetzt geklatscht werden könnte. Wäre es nicht schöner, dein Publikum spürt von selbst, dass sich dein Gedankengang jetzt schließt, du etwas Rundes, in sich Geschlossenes vorgetragen hast, das jetzt von deiner Seite erstmal keine weitere Ergänzung braucht? Dann bringe es auf den

Punkt. Wörtlich. Fasse deine wichtigsten Punkte noch einmal zusammen, so dass die Zuhörer*innen sie sich merken können. Und gib ihnen dann etwas mit auf den Weg, eine Aufforderung oder eine Frage, über die sie mit anderen sprechen können, denen sie von deinem Vortrag erzählen. Vielleicht passt es zu deinem Thema, in die Zukunft zu schauen? Dann sag etwas darüber. Oder willst du, dass dein Publikum sein Handeln überdenkt, etwas Neues tut, sich etwas Altes abgewöhnt? Dann schließe mit einem Appell.

Bedanke dich ganz zum Schluss für die Aufmerksamkeit deines Publikums. Der Dank und ein Blick einmal rund ins Publikum ersetzen jedes »Das war's von meiner Seite« – vorausgesetzt, du hältst die kurze Stille danach aus, ohne direkt weiterzusprechen. So wie dein Vortrag schon vor dem Einstiegssatz beginnt, also noch bevor das erste Wort gesprochen wurde, so endet dein Vortrag auch nicht mit dem letzten Wort, sondern erst kurz danach, mit einem nonverbalen Signal. Das kann eine kleine Verbeugung sein, der stille Blickkontakt oder einfach nur das ruhige Stehenbleiben ohne weitere Gesten.

Wenn du nur ein kleines Publikum hast und mit tosendem Applaus nicht zu rechnen ist, kannst du an den Dank direkt deine Einladung zur Diskussion anhängen. Möchtest du ausschließen, dass du während des Vortrags durch Fragen unterbrochen wirst, dann kannst du das schon mit in deinen Einstieg nehmen. Gebe den Hinweis, dass du darum bittest, sich Fragen bis zum Ende zu merken, weil du dann extra Zeit dafür eingeplant hast. Vortragende, die nicht wirklich an Fragen interessiert sind, machen das durch ihre Formulierung schon deutlich: »Wenn keine Fragen mehr sind?« klingt so viel weniger einladend als zum Beispiel die Aufforderung »Und jetzt ist Zeit für Ihre Fragen, bitteschön!«

5 Verständlichkeit

Wer für den Hörfunk arbeiten und dafür Texte formulieren möchte, denen Hörer*innen so gut folgen können, dass diese sogar während einer Autofahrt oder während des Kochens gut verstehen, worum es geht, wird früher oder später an einem Kurs teilnehmen, der einen Titel trägt wie »Fürs Hören schreiben«. Hier lernt man, wie Texte und Sätze aufgebaut sein müssen, damit Menschen, die den Text nicht vor Augen haben – also nicht zeitgleich mitlesen oder zurückblättern können – ihn trotzdem auf Anhieb verstehen und gerne zuhören. Aber warum sollten eigentlich nur Radiomenschen lernen, fürs Hören zu schreiben? Warum nicht auch Politiker*innen, Wissenschaftler*innen, Menschen in Führungspositionen, die zu Gruppen sprechen und doch hoffentlich von vielen gut verstanden werden wollen? Natürlich auch auf akustischer Ebene – um das Thema ›Nuscheln‹ wird es in Kapitel 7.2 »Stimme und Artikulation« gehen –, aber viel mehr noch auf den Inhalt des jeweiligen Vortrags bezogen.

Mach dir zunächst die Unterschiede zwischen einer mündlichen und einer schriftlichen Präsentation bewusst:

Mündlich formuliert	Schriftlich formuliert
Das Gesagte richtet sich ans Ohr.	Das Geschriebene richtet sich ans Auge.
Das Publikum begegnet der vortragenden Person und ihrer Stimme.	Wer liest, hat nur ein Schriftbild vor sich.

Das Publikum muss warten, bis wieder etwas kommt, was seine Aufmerksamkeit anzieht.	Wer liest, kann im Text springen.
Das Gesprochene wird durch Betonung und andere akustische Mittel akzentuiert.	Text wird vor allem durch Schrift und Aufmachung akzentuiert.
Das Publikum hat keinen ständigen Überblick über den gesamten Vortrag.	Wer liest, hat einen ständigen Überblick über den Text und dessen Gliederung.
Das Publikum muss mit der Sprechgeschwindigkeit der Sprecherin / des Sprechers zuhören.	Wer liest, kann selbst die Geschwindigkeit bestimmen.
Das Publikum kann jedes Wort nur einmal hören.	Wer liest, kann Nicht-Verstandenes noch einmal lesen.

Für die Verständlichkeit eines mündlichen Vortrags sind vier Kriterien zu beachten: 1) Einfachheit, 2) Satzbau und Wortwahl, 3) Kürze und Prägnanz und 4) Anschaulichkeit.

5.1 Einfachheit

Ist der Gegenstand eines Vortrags komplex, wächst die Herausforderung für die Rednerin, den Inhalt so zu präsentieren, dass das Publikum folgen kann. Versteht ein Großteil der Anwesenden nur Bahnhof, ist nicht etwa das Publikum zu ungebildet oder das Thema für einen Vortrag ungeeignet, sondern die*der Vortragende hat ›komplex‹ mit ›kompliziert‹ verwechselt und seinen*ihren Job nicht gemacht. Denn auch ein abstraktes Thema kann anschaulich vermittelt werden, trotzdem klingen viele Referate an Unis, als sei kryptisches Formulieren ein Beweis für Qualität: »Ich habe vieles nicht verstanden, es war so kompliziert – es scheint also ein wichtiges Thema zu sein!« (vgl. Kap. 3.4 »Wo beginnt Manipulation?«, S. 29). Die Umkehrung dieser Aussage macht deutlich, wie unglücklich und falsch es ist, zwischen Kompliziertheit und Wichtigkeit eine Verbindung zu ziehen: »Wenn es nicht kompliziert klingt, kann nicht viel dran sein.« Einfachheit hat also nichts mit Primitivität zu tun, und was schlicht und unkompliziert daherkommt, ist deshalb nicht weniger wichtig und wahr, im Gegenteil.

5.2 Satzbau und Wortwahl

Spezialgebiete haben Spezialwörter. Eine Wissenschaft braucht Namen für die Phänomene, die sie untersucht, also kommt auch das Sprechen darüber nicht ohne Fremdwörter und Fachbegriffe aus. Man muss und kann nicht auf sie verzichten, aber sie müssen erklärt werden, und zwar bevor sie in einem Gedankengang eingesetzt werden, sonst kann das Publikum nicht folgen. Die Herausforderung liegt darin, verzweigte Gedanken geradeheraus zu formulieren und sich nicht mit der Platzierung eines großen Begriffes vor der Erarbeitung und Formulierung einer einfachen Erklärung zu drücken. Wer verstanden werden möchte, sollte versuchen, seine Gedanken offenzulegen, anstatt sie hinter theoretischen Verklausulierungen und Fremdwörtern zu verstecken. Verben helfen dabei, das Gesagte lebendig zu gestalten. Dagegen wird das Sprechen durch Substantivierungen und Passivkonstruktionen abstrakt, und Handelnde werden in den Hintergrund gedrängt.

Vieles, was in Referaten als Zitat vorgetragen wird, hätte von der*dem Vortragenden auch selbst formuliert werden können. Natürlich dürfen keine fremden Ideen übernommen werden, ohne dass auf das Original verwiesen wird (vgl. Kap. 3.2 »Ergebnisse ordnen und Quellen prüfen«, S. 23). Aber nicht alles, was aus einem Fremdtext im ersten Schritt herauskopiert wurde, muss im zweiten zwingend auch genau so wiedergegeben und mit Quellenangabe angeführt werden. Im Idealfall entsteht ja aus der Übernahme eine eigene Idee, ein abgewandelter, eigener Gedanke, der auf den speziellen Fokus des Vortrags abgestimmt ist. Zu erkennen, welche Fachbegriffe, Gedankengänge und Zusammenhänge so speziell sind, dass sie klar einer*m Autor*in zugeordnet werden müssen, ist eine besondere Herausforderung im Studium. Eine Seminarleitung, die sich im Fachgebiet deines Vortrages gut auskennt, weiß bei so manchem Thema, wo ein Gedanke ›geliehen‹ wurde. Sie erkennt auch Abgeschriebenes und nur zum Schein Umformuliertes. Oft lassen nämlich die Wortwahl oder ein plötzlicher Stilwechsel erkennen, dass eine Überlegung wahrscheinlich von jemand anderem stammt und von der*dem Vortragenden noch gar nicht ganz erfasst wurde. Deine eigenen Worte zu finden, fällt leichter, wenn du bei schwierigen Stellen alles Schriftliche zur Seite legst und deiner Mitbewohnerin, deiner kleinen Schwester oder deinem Großvater das Problem erklärst. Gehe vom Mündlichen aus und habe keine Sorge, dass deine Sprechweise zu alltäglich ist. Im Gegenteil, die Gefahr, dass dein Publikum Passagen nicht versteht, weil du Substantivierungen und komplizierte Satzkonstruktionen aus Fachtexten übernimmst, ist sehr viel größer.

5.3 Kürze und Prägnanz

»Entschuldige die Länge des Briefes, ich hatte keine Zeit, mich kurz zu fassen«, schrieb Goethe an Schiller. Und es ist tatsächlich oft einfacher, lange über eine Sache zu sprechen, als sie kurz und knapp auf den Punkt zu bringen. Wo einem selbst doch alles so wichtig scheint. Deshalb ist »Was kann ich weglassen?« vielleicht die schwierigste Frage bei der Vortragsvorbereitung, sobald du tiefer ins Thema eingestiegen bist. Wenn du 20 Minuten lang sprechen darfst, wird dir das zu dem Zeitpunkt, an dem du noch keine Inhalte recherchiert hast, vielleicht ewig vorkommen, und du fragst dich, wie du die Zeit füllen sollst. Aber wenn du die Fragen aus der Checkliste Kap. 2.7 »Bevor es losgeht« (S. 18) schon alle beantworten kannst, dann hast du wahrscheinlich schon so viele Punkte im Kopf, dass du weißt, du wirst sie gar nicht alle unterbringen können. Viele glauben, eine Präsentation sei erst dann gut, wenn man nichts mehr *hinzufügen* kann. Aber womöglich gilt eher die Umkehrung: Eine Präsentation ist erst dann wirklich gut, wenn man nichts mehr *weglassen* kann.

Was also kannst du weglassen? Diese Frage müssen sich auch routinierte Sprecher*innen immer wieder stellen. Auch Fachleute, die sich in einem Gebiet so gut auskennen, dass es ihnen eigentlich ganz leichtfallen sollte, darüber zu sprechen, müssen das tun. Gerade wenn sich eine Person mit einem Thema lange beschäftigt hat und es ihr ein Anliegen ist, dass auch andere verstehen, wo dessen spezielle Schwierigkeiten liegen, fallen ihr ganz viele Details dazu ein, die – so denkt sie – auf keinen Fall vergessen werden sollten. Ach, es gibt so vieles, das doch wirklich wichtig wäre, gesagt zu werden. – Natürlich! Aber manchmal stehen eben nur fünf Minuten Zeit für einen Vortrag zur Verfügung und keine Stunde. Soll man dann lieber gar nicht über das Thema sprechen, anstatt diese zeitliche Herausforderung anzunehmen und gezielt über einen wichtigen Aspekt des Themas zu informieren? Zudem wird gerne unterschätzt, was sich in fünf Minuten alles unterbringen lässt! Ein Track aus den aktuellen Charts dauert im Durchschnitt drei Minuten. Da ist sogar der Refrain schon mit drin. Und niemand würde sagen, dass drei Minuten zu kurz sind, um über ein Thema wie z. B. die Liebe zu singen. Dabei ist dieses Thema doch auch umfassend, dass man eigentlich nicht weiß, wo man anfangen soll.

Wer Radio hört, weiß auch, dass Nachrichtensendungen oft noch kürzer sind, und doch greifen sie sogar mehrere Themen und Ereignisse auf. Gut, sie erklären kaum Hintergründe, können keine Analyse liefern, aber ein Publikum, dem ein Kurzvortrag angekündigt wurde, erhebt auch keinen Anspruch auf Vollständigkeit. Die Erwartungshaltung der Zuhörenden hat einen großen Einfluss darauf, wie ein Vortrag aufgenommen wird. Und diese Erwartungshaltung kannst du selbst steuern: Wenn du einen zehnminütigen Vortrag angekündigt hast, werden die Zuhörer*innen spätestens ab einer Viertelstunde unruhig auf ihren Plätzen herumrutschen. Wird ein einstündiger Vortrag angekündigt, wird es irritieren, wenn du nach einer halben Stunde schon auf Applaus hoffst. Und nichts ist unangenehmer für das Publikum, als wenn vorne jemand steht, der nach der Hälfte der Zeit ankündigt: »Ich komme jetzt zum Schluss«, um dann noch jede Menge Gedanken, Ideen und Beispiele anzuhängen.

Es geht beim Stichwort ›Kürze‹ also nicht darum, dass ein Vortrag per se kurz sein muss, sondern, dass im Publikum nicht das Gefühl der ›Länge‹ aufkommen sollte. Dein Vortrag muss nicht kurz sein, aber kurzweilig.

5.4 Anschaulichkeit

Alle Wissenschaften, die sich mit dem Lernen beschäftigen – Psychologie und Pädagogik, Hirnforschung, Lehr- und Lernforschung – sind sich einig, dass ein entspannter Geist mehr und besser lernt. Eine heitere, leichte Stimmung im Raum macht den Umgang mit allem, was im Lauf des Vortrags passiert, leichter. Humor ist nicht unsachlich und unwissenschaftlich, sondern hilft, Wissenschaftliches oder Komplexes leicht zugänglich zu machen. Alltagsbezüge und Anekdoten lockern den Vortrag nicht nur auf, sie tragen auch zur Anschaulichkeit bei. Diese sorgt dafür, dass sich das Publikum entspannt und positiv auf das Gesagte einlässt und die Rednerin ihr Potential ausschöpfen kann.

Infobox: Strategien, um Anschaulichkeit zu erzielen

- *Aktiv statt Passiv*

In einer passivisch formulierten Satzkonstruktion fehlt die handelnde Person. Anstatt ein lebendiges Bild einer Handlung zu zeichnen, wirkt die Aussage hierdurch abstrakt.

- *Geschlechtergerechte, inkludierende Sprache*

Beziehe durch geschlechtergerechte Formulierungen das gesamte Publikum mit ein. Die Verwendung des generischen Maskulinums ruft automatisch das Bild von Männern vor dem inneren Auge hervor. Der Einwand, dass Frauen doch ›mitgemeint‹ seien, greift nicht. Würde uns sonst die Fortführung des folgenden Satzes überraschen? »Die Ärzte gehen über die Straße … eine der Frauen drehte sich um«. Nur wer von Frauen spricht, meint sie auch.

Nur wer bei Lehrer_innen eine kleine Lücke lässt, positioniert sich gegen binäre Strukturen. Die Frage ist dabei nicht: »Was darf man noch sagen?«, denn das generische Maskulinum ist nicht verboten, sondern die Frage ist, was du aussagen möchtest!

- *Beispiele / kurze Geschichten / persönliche Erlebnisse*

Beispiele und kurze Geschichten, die gut zum Thema passen, helfen, abstrakte Sachverhalte lebendig und einprägsam zu vermitteln. Berichte von persönlichen Erlebnissen stellen eine enge Verbindung zwischen Publikum und Vortragendem her und wecken Sympathie.

- *Zitate*

Zitate von Fachleuten, die schon länger zu deinem Thema forschen, untermauern nicht nur deine Thesen, solche O-Töne – falls nicht zu komplex formuliert – verleihen deinem Vortrag auch Lebendigkeit und bieten eine gewisse Abwechslung.

- *Direkte Ansprache*

Indem du dein Publikum direkt ansprichst, forderst du es nicht nur zum aktiven Mitdenken auf, sondern zeigst, dass dein Thema auch für sie von Relevanz ist. Beispiel: »Verpackungen, die nach viel Inhalt aussehen, die aber dann, wenn man sie öffnet, gar nicht ganz voll sind – darüber haben Sie sich bestimmt auch schon mal geärgert.«

- *Echte und rhetorische Fragen*

Fragen stellen, echte oder rhetorische, um die direkte Ansprache des Publikums zu verstärken: »Wer kann mir sagen, was passiert, wenn ich …

- *Szenische Elemente / Spannung*

Wenn du deinem Publikum eine Szene vor Augen malst, kann es sich besser in deine Fragestellung einfühlen. Zugleich kannst du so Spannung erzeugen: »Stellen Sie sich vor, Sie machen eine Reise. Wenn Sie dann inmitten von Menschen mit ihrem schweren Koffer auf dem Bahnsteig stehen und Sie plötzlich jemand …«

- *Einbezug des Publikums*

Um das Publikum zu aktivieren und Problemstellen greifbar zu machen, kannst du z. B. Ergebnisse einer wissenschaftlichen Umfrage einleiten, indem die Umfrage mit den Leuten im Raum nachgestellt wird: Dafür eine oder mehrere Fragen stellen mit der Bitte um Handzeichen. Das Ergebnis wird für alle sichtbar notiert: »Geben Sie mir mal Ihr Handzeichen bitte, wenn Sie heute mit dem Fahrrad oder öffentlichen Verkehrsmitteln hergekommen sind«.

- *Beweis- bzw. Anschauungsmaterial:*

Um den Gegenstand deines Vortrags greifbarer zu machen, bietet es sich am Anschauungs- oder Beweismaterial für die wichtigsten Punkte mitzubringen und dieses im passenden Moment zu zeigen / vorzuführen (vgl. Kap. 6 »Medien und Hilfsmittel«, S. 60).

6 Medien und Hilfsmittel

> Sag es mir und ich werde es vergessen. Zeige es mir und ich werde es verstehen.
>
> Laotse

Bevor wir die Liste der medialen Möglichkeiten aufrollen, sei gesagt, dass du selbst wichtiger bist als alle Medien. Für welche Hilfsmittel auch immer du dich entscheidest, sorge dafür, dass du dein Publikum beeindruckst und du nicht am Ende als Tastendrückerin oder Folienjonglierer in Erinnerung bleibst. Zu oft wird für PowerPoint-Präsentationen der Raum so stark abgedunkelt, dass die Vortragende im Grau verschwindet und nur noch als Off-Stimme zu hören ist. Wer nur noch die Folien für sich sprechen lässt, könnte seinen Vortrag genauso gut aufnehmen, als Audio-Datei abliefern und die restliche Zeit für Besseres nutzen.

6.1 Stichwortzettel

Ein Zettel ist ein kleines, loses, meist rechteckiges Stück Papier, sagt der Duden. Aber die handlichere Wahl für einen Vortrag sind Karten aus festerem Papier, am besten numeriert, falls sie einmal herunterfallen sollten. Eine praktische Größe für die Zettel ist ein DIN A5- oder DIN A6-Format, denn ein größeres DIN A4-Blatt am unteren Rand gehalten, verstärkt ein mögliches Zittern, das sonst womöglich niemandem aufgefallen wäre. Außerdem werden Blätter im DIN A4-Format meist mit zwei Händen gehalten, so dass die Gestik zu kurz kommt. Ein Zettel, der mit beiden Händen gehalten wird, blockiert die Bewegungen und nimmt so dem Vortrag seine Dynamik. Eine Hand sollte bei deinem Vortrag möglichst frei bleiben.

Der Begriff ›Stichwortzettel‹ ist insofern wörtlich zu nehmen, als er tatsächlich in erster Linie notierte Stichwörter tragen soll. Wäre ein Vortrag darauf in ausformulierten Sätzen notiert, hieße er ›Manuskript‹. Löse dich von auswendig gelernten Sätzen. Ausformulierte Sätze haben auf einem Stichwortzettel nur dann etwas verloren, wenn es sich um Zitate handelt. Nur falls du sehr aufgeregt bist, solltest du die ersten drei Sätze deines Vortrags auf einer extra Karte notieren. Eine solche Einstiegskarte hilft dir, Zeit zu gewinnen und dein Lampenfieber in den Griff zu bekommen.

Und ab dann ist Mitdenken erlaubt und erwünscht! Wer mitdenkt beim Sprechen, tritt ganz anders auf als eine Person, die fertige Gedanken in immer derselben Formulierung schon hundertmal präsentiert hat. Frei sprechen heißt ja nicht, Auswendiggelerntes vortragen. Frei sprechen bedeutet vor allem: ›frei formuliert‹ sprechen. Ein Stichwortzettel ist nicht dazu da, dass fertig Ausformuliertes von ihm abgelesen wird, vielmehr soll er als Gedankenstütze dienen.

Nomen liefern dabei den Inhalt. Artikel, Präpositionen, Adjektive und andere ›kleine Wörter‹ haben auf dem Stichwortzettel nur in Ausnahmefällen etwas verloren. Verben sind Formulierungshilfen für Stellen, an denen präzise (Fach-)Begriffe das Verstehen erleichtern. Stehende Ausdrücke, bestimmte Wortfolgen, für die es keine Alternative gibt, sind denkbar und natürlich Zahlen und Fakten, die exakt sein müssen und nicht umschrieben werden können. So die Theorie.

Wenn du aber mit der Vorbereitung deiner Präsentation ganz fertig bist und du den Vortrag übst und dabei laut sprichst, wirst du vielleicht merken, dass es Stellen gibt, an denen du immer wieder ins Stocken gerätst, oder dass dir an derselben

Stelle immer wieder die treffende Formulierung fehlt: Dann notiere sie!

Infobox: Tipps zum Stichwortzettel

- Kartenformat: DIN A5 oder DIN A6
- nur die Vorderseite nutzen
- Karten durchnummerieren
- eine neue Karte für jeden Gliederungspunkt verwenden
- groß und deutlich schreiben
- Stichwörter statt ausformulierter Sätze notieren
- Nomen für Inhalte verwenden, Verben für spezielle Vorgänge und Prozesse (Fachbegriffe)
- Gliederungspunkte/Spiegelstriche nutzen
- mit Symbolen arbeiten, z. B: ☺, um in der Aufregung das (echte) Lächeln nicht zu vergessen; Pfeile, um Bezüge darzustellen; eigene Symbole (z.B. eine Schnecke, um das Sprechtempo zu bremsen etc.)
- Übersichtlichkeit durch verschiedene Farben herstellen

6.2 Digitale Präsentation

Je mehr auf deinen Folien steht, umso weniger achtet dein Publikum auf dich. Vielleicht findest du das ganz praktisch, aber wenn du zu viel auf deine Folien packst, fühlt sich das Publikum womöglich verschaukelt: Schließlich wollte es einen Vortrag hören und kein Buch lesen.

Wenn der Laptop-Bildschirm deinen Stichwortzettel ersetzen soll, ist es besonders wichtig, wenig auf eine Folie zu schreiben und eine große Schrift zu nutzen. Verkneife es dir, dich bei jeder Folie zur Wand hinter dir umzudrehen. Mache lieber einen Probedurchlauf, und plane, wo du stehen wirst, um gut auf den Laptop-Bildschirm blicken zu können. Dort siehst du, welche Folie gerade aktiv ist, und du kannst den Blick schnell wieder an dein Publikum richten.

Infobox: Für welche Inhalte sind Folien praktisch?

- Eine Vorausschau, eine Art Inhaltsverzeichnis zu Beginn, und Zwischenüberschriften im Lauf des Vortrags machen dessen Gliederung nachvollziehbar.
- Zusammenfassungen von Unterkapiteln liefern die wichtigsten Inhalte noch einmal als Stichwörter oder in Schlagzeilen.
- Wichtige Zahlen werden noch einmal hervorgehoben und gehen nicht im Sprechfluss unter.
- Zitate (mit Quellennachweisen) können wörtlich mitgelesen und besser verstanden werden.
- Durch Grafiken, Balkendiagramme, Zahlenstrahle etc. werden Studienergebnisse anschaulich.
- Landkarten, Fotos, Zeichnungen ersetzen eine langwierige Erklärung von Dingen, die sich auf einen Blick erfassen lassen.

Jede Folie muss möglichst schnell vom Publikum überblickt werden können. Entweder du erklärst kurz, was zu sehen ist, und lässt deinen Zuhörer*innen dann Zeit, das Gezeigte zu erfassen, oder du führst den Blick des Publikums während deiner Erklärung durch das Bild. Längere, ausformulierte Sätze, die

Teil deines mündlichen Vortrags sind, haben auf deinen Folien nichts zu suchen. Sie haben nur den Effekt, dass das Publikum liest, anstatt dir zuzuhören. So verpasst es dann wahrscheinlich deinen nächsten Punkt und steigt erst wieder ein, wenn du schon fünf Sätze weiter bist.

Bei Folien sollte man sich grundsätzlich die Frage stellen, wie viel Text nötig ist und ob nicht manches Vortragskapitel mit nur einer Grafik oder einem Foto auskommt. Viele Folien in eine Präsentation einzubauen, ist kein Zeichen von Qualität. Folien retten keinen Vortrag, wenn dieser schlecht vorbereitet wurde und ohne Engagement vorgetragen wird. Folien sollen lediglich die Rede begleiten und untermalen und nicht im Vordergrund stehen. Wenn der*die Vortragende nur noch als Audiospur zur Slideshow herhalten darf, liegt ein grundlegendes Missverständnis vor.

- Neben *PowerPoint* oder *Keynote* gibt es eine ganze Reihe ähnlicher Anwendungen, die sich nur im Namen, bei Vorlagen und Designs unterscheiden. Einen anderen Weg dagegen geht Prezi: Hier erstellt man keine kompletten Folien, sondern es entsteht mit Hilfe einzelner Bausteine (Text, Bilder, Formen, Videos etc.) eine Art dreidimensionale Mindmap, in der man sich von einem Element zum nächsten bewegt.
- *Haiku Deck* ist eine Präsentationslösung mit einer integrierten Fotodatenbank, deren Bilder sich einbinden lassen, was die Bildrecherche abkürzen kann.
- Bei *Emaze* wird durch vorgegebene 2D- und 3D-Templates das Design bestimmt. Dadurch ist die Einarbeitung in das Programm einfacher, gleichzeitig hat man aber im Detail auch weniger Auswahlmöglichkeiten (z. B. bei Textfarben).
- Mit *PowToon* lassen sich auf Grundlage eines Storyboards, das aus einzelnen Feldern oder Kacheln besteht, animierte,

cartoonartige Videos erstellen. Das Programm kombiniert Animation, Videoschnitt, Audiobearbeitung und Bildbearbeitung und da es einige Vorlagen bietet, bekommt man schnell ziemlich beeindruckende Ergebnisse. Allerdings ist es aufwendig und nicht gratis.

6.3 Weitere Medien

Aber vielleicht brauchst du ja gar keine digitale Präsentation, denn Folien können auch langweilen. Außerdem muss der Raum oft etwas abgedunkelt werden, damit man klar sieht. Damit rückst du als Person in den Hintergrund und es wird schwieriger, den Kontakt zum Publikum zu halten. Weil so viele Vortragende mit PowerPoint arbeiten, kannst du dich zudem mit dem Einsatz von Medien, die seltener genutzt werden, ganz leicht von anderen abheben:

- *Tafel, Flipchart, Whiteboard und Pinnwand*
  Wenn während des Vortrags etwas angeschrieben werden soll, wenn Fragen gesammelt, Stichwörter aus dem Publikum zusammengetragen werden oder ein Ablauf Schritt für Schritt anhand einer wachsenden Zeichnung erklärt wird, dann braucht es eine Tafel. Allerdings muss eine herkömmliche Tafel gewischt werden, wenn sie voll ist, deshalb ist ein Flipchart oder ein Whiteboard besser. Das Flipchart hat den Vorteil, dass die einzelnen beschrifteten Plakate an eine (Pinn-)Wand gehängt werden können, so dass die erarbeiteten Punkte weiterhin sichtbar bleiben.
  Eine Pinnwand kann auch dann für deinen Vortrag nützlich sein, wenn z. B. Ideen erst gesammelt und dann neu sortiert werden sollen.

Die Verwendung aller vier genannten Hilfsmittel ist allerdings nur dann sinnvoll, wenn ein Bild während des Sprechens entsteht bzw. ergänzt wird. Für Statisches, das komplett im Vorfeld gezeichnet und getextet wird, sind Folien geeigneter.

Die Herausforderung beim Einsatz dieser Medien besteht darin, den Kontakt zum Publikum nicht zu verlieren, während man schreibt oder Zettel anpinnt. Es ist deshalb ratsam, immer eine Sprechpause einzulegen, wenn man dem Publikum den Rücken zukehrt, um etwas zu ergänzen. Oder man kann sich auch eine Person aus dem Publikum zu Hilfe holen, die Zettel mit Fragen oder Stichpunkten einsammelt und anpinnt.

- *Smartboard*

  Diagramme, Bilder, Video, Audio, Text – das Smartboard vereint alle Möglichkeiten. Aber lass dich nicht dazu verführen, diese auch alle einzusetzen. Überlege erst, was wirklich zu deiner Präsentation passt. Außerdem braucht es Übung und genug Zeit, um das Smartboard einzurichten.
- *Overheadprojektor und Dokumentenkamera*

  In fast jedem Klassenzimmer gibt es (noch) einen Overheadprojektor, mit dem bedruckte oder von Hand beschriftete Folien gezeigt werden können. Ergänzt du diese während des Sprechens, besteht die Herausforderung für dich darin, mit dem Folienstift lesbar zu schreiben, nichts zu verschmieren und den Blickwechsel zwischen heller Lampe und dunklem Raum hinzubekommen.

  Die Möglichkeiten der Dokumentenkamera sind etwas vielfältiger als die eines Overheadprojektors. Toll ist z. B., dass man mit ihr auch kleine Objekte an die Wand projizieren oder eine Abbildung, die man unter die Kamera legt, fotografieren oder filmen kann.

Beim Einsatz von Medien sollte der*die Vortragende auf Folgendes achten: Wer während der Präsentation ganze Sätze und Listen notiert oder ein aufwendiges Experiment einrichtet, produziert hierdurch Phasen langer Stille. Außerdem ist die Versuchung groß, gegen die Wand oder den Tisch zu sprechen, so dass man nicht mehr von allen verstanden wird. Plane also ein, nur einzelne Wörter aufzuschreiben bzw. Objekte Schritt für Schritt aufzubauen, und suche dazwischen immer wieder den Bezug zu den Zuschauer*innen. Und egal mit welchen Präsentationsmedien du arbeitest: Gute Vorsätze genügen nicht, es braucht Übung. Bei fast allen Vortragenden, die keine Routine haben, wird der Blick während des Sprechens wie magisch nach hinten gezogen, selbst wenn dort nur ein einzelnes Wort steht. Manche Vortragende wenden sich während des Sprechens komplett um oder stehen seitlich zum Publikum. Der Blickkontakt zu den Zuhörer*innen ist gestört, was dem ganzen Auftritt an Wirkung nimmt. Was auch immer du also tust, vorführst, anschreibst, in die Hand nimmst … Vergiss dein Publikum nicht!

6.4 Überraschende Mitbringsel

Passen Gummibärchen, ein Handmixer oder ein Drache zu deinem Vortrag? Was auf den ersten Blick unwahrscheinlich klingt, ist einen zweiten Gedanken wert: Welches Anschauungsmaterial fällt dir ein, das für dein Thema steht? Durchwandere in Gedanken dein Arbeitszimmer, die Küche, das Bad. Wo gibt es einen Gegenstand, der im direkten oder im symbolischen Sinn dein Anliegen deutlich macht. Es kann sich auch lohnen, extra etwas dafür zu kaufen: ein Bund Karotten, um über Vitamin A zu sprechen; einen Sechserkarton Eier, um über Massentierhaltung zu informieren; eine aufwendig verpackte Zahnbürste, um das Problem der Plastikmüllberge vor Augen zu führen. Der Gegenstand kann dein Stichwort für den Einstieg sein, vielleicht eignet er sich, um mehrfach bei verschiedenen Gliederungspunkten erwähnt zu werden, er kann auch nur am vorderen Bühnenrand oder neben dem Laptop stehen als stummer Begleiter.

7 Vorhang auf!

Man stelle sich eine Pianistin vor, die sich während eines Konzerts Gedanken über den richtigen Fingersatz macht. Oder einen Eiskunstläufer, der im Sprung über seine Armhaltung nachdenkt. Abwegig? – Sehr! Hilfreich? – Kein bisschen. Und nichts anderes gilt für Redner*innen. Über ihr Tun sollten sie nicht erst während ihres Vortrags nachdenken. Wo stelle ich mich hin? Wen schaue ich an? Wohin mit meinen Händen? All das sind Punkte, die im Voraus geklärt und vor allem geübt werden sollten.

Es gibt einen viel größeren Konsens darüber, dass Redner*innen inhaltlich gut vorbereitet sein sollten, als darüber, dass auch nonverbale Ausdrucksmittel gut einzuüben sind. Und das, obwohl ein geübte Personen sehr wohl spontan einen inhaltlich überzeugenden Redebeitrag vorbringen können, auch wenn keine Zeit für die genaue Erarbeitung von Aufbau oder Argumentation blieb. Anders bei Körpersprache, Stimmklang und Sprechweise: Keiner dieser Aspekte lässt sich auf dem Weg zur Bühne im Zeitraffer erlernen, auch lässt sich keiner davon theoretisch planen und am nächsten Tag am Mikrofon direkt umsetzen. Alle diese Aspekte müssen zuerst ausprobiert und ›verkörpert‹, also verinnerlicht werden. Eben ganz so wie der Fingersatz bei einem Klavierstück oder die Armhaltung beim Eiskunstlauf.

Es ist also sinnvoll, auch dann über die eigene Körpersprache, das eigene Sprechen nachzudenken, wenn gar kein Vortrag unmittelbar bevorsteht. Am besten denkt man dann darüber nach, wenn es um nichts geht, kein Zeitdruck besteht, keine Punkte vergeben werden: bei einem Gespräch an der Bushaltestelle oder in der Bäckerei, am Telefon beim Vereinbaren der nächsten Augenuntersuchung, während einer Diskussion beim

Abendessen. Nie soll es darum gehen, alle Ausdrucksmittel auf einmal in den Blick zu nehmen, vielmehr soll bei jeder neuen Gelegenheit ein anderes Kriterium eingeübt werden: im Gespräch mit der Freundin auf die Gestik achten, in der Bäckerei auf die Lautstärke der eigenen Stimme, am Telefon mit dem Zahnarzthelfer auf die Atmung, in der Diskussionsrunde mit den Großeltern auf den Blickkontakt.

7.1 Körpersprache – die sichtbaren Kriterien

Wer die Arme vor der Brust überkreuzt, ist nicht per se ablehnend oder desinteressiert. Wenn die Mimik Interesse signalisiert, sind die überkreuzten Arme für diese Person vielleicht einfach nur eine bequeme Position oder ihr ist kalt. Ein Bein über das andere zu schlagen, muss kein Zeichen von Zurückweisung gegenüber der Person zur Linken oder zur Rechten bedeuten. Vielleicht sind schlicht die Stühle unbequem, und die Person wechselt ihre Sitzhaltung, um sich weiter konzentrieren zu können. Die Signale des Körpers zu interpretieren, ist oft nicht eindeutig möglich, und es genügt nie, nur einen Aspekt isoliert zu betrachten. Und wer die Körpersprache des Publikums interpretieren möchte, tut gut daran, den gesamten Körperausdruck zu berücksichtigen.

Die Körpersprache umfasst das gesamte nonverbale Ausdrucksverhalten. Auch Kleidung, Frisur und andere visuelle Botschaften können darunter gefasst werden, vor allem weil die Höhe der Absätze, das ungewohnte Hemd, die Länge der Ärmel oder des Ponys durchaus Einfluss darauf haben, wie sich eine Person auf der Bühne bewegt. Viele kleine Einzelsignale, die in den folgenden Unterkapiteln vorgestellt werden, bilden zusammen eine körpersprachliche Botschaft.

Für die Körpersprache einer vortragenden Person gilt: Tue nichts, was interessanter ist, als das, was du zu sagen hast. Manche Seminarteilnehmer*innen finden es praktisch, einen Stift mit auf die Bühne zu nehmen, allein, um etwas in der Hand zu haben: »Dann fühle ich mich sicherer«, heißt es oft. Niemand möchte abstreiten, dass es ein paar Einzelfälle geben könnte, die anstatt durch Übung und Routine durch einen Stift in der Hand geerdet werden, denen also der schwarze, wasserfeste Marker zu einem souveränen Auftritt verhilft. Doch bei der Mehrheit der Vortragenden sorgt der Stift in der Hand dafür, dass sie auf der Bühne faszinierende Fingerübungen erfinden, an die sie sich selbst zwar nach dem Vortrag nicht mehr erinnern, das Publikum jedoch um so deutlicher. Eine Redner*in, die*der im Laufe eines Vortrags einen Kugelschreiber auseinandernimmt, muss sich also nicht wundern, wenn am Ende anstatt des Vortragsthemas die Frage im Mittelpunkt steht, ob beim Zusammenbau wohl ein Teil übrig bleiben wird.

7.1.1 Ein Wort zum Redepult

Je weniger Vortragsroutine, umso verführerischer das Redepult. »Tu's nicht!«, möchte man rufen, wenn ungeübte Redner*innen ohne Blickkontakt über die Bühne ans andere Ende huschen, um dort schnell das Pult zu erreichen und, kaum angekommen, dahinter zu verschwinden ... und damit auch alle Gestik und Beredsamkeit ... Der Versuch, vor Publikum eine Bühne zu betreten, um sich dort in irgendeiner Form zu verstecken, muss scheitern, es sei denn, er ist Teil eines Theaterstücks.

Versteck dich also nicht und hoffe, dass deine Stimme und deine Worte allein dein Anliegen vermitteln. Nimm dir lieber genug Zeit, das freie Sprechen zu üben, so dass du dann, wenn es darauf ankommt, deine ganze Körpersprache einsetzen und frei vor deinem Publikum stehen kannst. Und wenn du geübt bist, das Pult also nicht als Versteck wählst, spricht nichts dagegen, von diesem Standort aus zu sprechen, schließlich gibt es jede Menge Wortbeiträge vom Pult aus: Predigten, Ansprachen zu Jubiläen, Bundestagsreden, Danksagungen …

Doch das Redepult und sein statisches Mikrofon haben schon manche*n in eine Schildkröte verwandelt: Kaum wagt man, den Kopf zu drehen, weil sonst der Ton zu leise wird. Kaum bewegt man die Hände, weil sie mit dem Pult verwachsen zu sein scheinen. Und weil keine Zeit blieb, das Pult tiefer zu stellen, bleibt man mit hochgezogenen Schultern, mit denen sich auch schlecht gestikulieren lässt, einigermaßen verkrampft stehen. Und selbst, wenn sich der*die Redende bewegt, tut sie*er das oft nur im Verborgenen, weil das Pult die Körpersprache verdeckt. Die Bewegung muss also in Kopf und Schultern verlegt werden, was wiederum wegen des Mikrofons schwierig ist … Ein Teufelskreis!

Natürlich ist es hilfreich, wenn man in der Lage ist, auf jeder Art Bühne, die einem geboten wird, souverän aufzutreten. Aber du kannst ja deine Bühne selbst gestalten: Nur weil fünf Reden von einem Pult aus gehalten wurden, heißt das nicht, dass du nicht von der Mitte der Bühne aus sprechen kannst. Das Publikum wird sich über die Abwechslung freuen.

7.1.2 Bewegung, Haltung und Position im Raum

Im Grunde ist alles erlaubt, was zum Vortrag passt. Jede Bewegung, jede Pose, die sich aus dem Inhalt deiner Rede ergibt, kann das Publikum einordnen und trägt im Idealfall zum Verständnis deines Vortrags bei. Wer Experimente vorführt und Ergebnisse an einem Flipchart sammelt, bewegt sich mit gutem Grund auf der Bühne hin und her. Wer dagegen am Bühnenrand auf und ab läuft, obwohl an keiner Stelle des Vortrags von einem gefangenen Tiger die Rede ist, lenkt damit unnötig vom Inhalt ab.

Die richtige Balance ist entscheidend: Zu viel Bewegung lenkt ab, zu wenig Bewegung bedeutet eine verlorene Chance. Oft wird die Wirkung nonverbaler Botschaften und die Möglichkeit unterschätzt, Worte durch Bewegungen, durch Mimik und Gestik zu verdeutlichen. Die Körpersprache unterstützt das Gesagte und liefert dem Publikum zusätzliche Informationen zur Gliederung, zur Betonung und Wichtigkeit einzelner Stellen. Wann das Zuviel oder Zuwenig anfängt, lässt sich nicht so einfach sagen, denn bei der Beurteilung spielen auch andere Aspekte wie *ethos*, *pathos* und *logos* eine große Rolle.

Es lohnt sich, sich über den Raum Gedanken zu machen, den Redner*innen einnehmen. Stelle dir die Situation aus der Vogelperspektive vor: Wie groß ist der Radius, den die Rednerin durch ihre Gestik, ihre Schritte, ihre Blickweite füllt? Es ist auffällig, dass mehr Frauen als Männer Präsentationstrainings buchen, scheinbar fühlen sie sich in dieser Hinsicht tendenziell unsicherer. Und tatsächlich lässt sich beobachten, dass viele Männer offenbar schon in anderen Zusammenhängen gelernt haben, ganz selbstverständlich Raum einzunehmen, während viele Frauen eine raumgreifende Körpersprache erst üben müssen. Bei vielen Rednerinnen bleiben die Ellbogen eng am Körper, wodurch Gesten kleiner ausfallen und weniger Nachdruck bekommen. Auch bewegen sie sich seltener vom Platz und oft füllt ihre Stimme den Raum weniger stark (vgl. Kap. 7.2.1 »Stimmklang«, S. 83).

Die Körperhaltung verrät, wie wohl sich Vortragende fühlen. Sind die Schultern hochgezogen oder entspannt? Ist der Stand stabil oder in ständiger Bewegung? Liegt der Kopf schräg, sind die Arme und Beine überkreuzt, ist die Hüfte vorgeschoben?

Kurz: Sieht die Körperhaltung nach Bleiben oder eher nach Flucht aus? Und wie geht es dir selbst mit der einen oder anderen Pose, in welcher fühlst du dich souverän, in welcher wackelig? Und noch wichtiger: Welche passt zu dem, was du sagen möchtest, und wann widerspricht dein Körper deinen Worten? Wenn du die folgende Übung machst, wirst du diese Fragen ganz einfach beantworten können:

Übung: Sicher stehen vor Publikum

Überlege dir eine Sache, die du gerne hättest, die dir fehlt oder von der du mehr bräuchtest. Ein größeres Zimmer, mehr Geld, mehr Schlaf … Stell' dich dann vor eine gedachte Person, von der du diese Sache in ein, zwei Sätzen laut und deutlich einforderst. Probiere dabei mehrere Haltungen aus und formuliere deine Forderung jedes Mal neu:

- breitbeinig, frontal, Hände in die Hüften gestützt
- seitlicher Stand, Hand ins Kinn gestützt
- Hände auf dem Rücken, Kopf leicht in den Nacken
- Arme über Kreuz, Kopf gesenkt
- die Füße über Kreuz, Kopf schräg
- Schrittstellung, Gestik vor dem Körper

…

Um zu entscheiden, welche Körperhaltung angemessen ist, braucht es keine detaillierten Regeln. Es genügt vielmehr, andere Vortragende zu beobachten und zu reflektieren, womit man sich als Zuschauer*in wohlfühlt. Wie bewegen sich Redner*innen, denen du gerne zuschaust? Und welche Bewegungen lenken dich eher vom Zuhören ab? Wenn du das nächste Mal ein Referat hörst oder eine Diskussion verfolgst, dann schau einmal genauer hin und mache dir genau zu diesen Fragen Notizen. Vielleicht stimmt dein Eindruck mit dem überein, was andere geantwortet haben:

Infobox: Woran sich das Publikum am meisten stört

- Zurechtrücken und Zupfen an Kleidung und Schmuck
- Spiel mit Stift, Zettel oder Fernbedienung
- nervöses Auf- und ab- bzw. Vor- und zurück-Gehen
- erstarrte Haltung ohne Gestik
- monotones oder auch sehr schnelles Sprechen
- Vorlesen von schriftlich Formuliertem statt freies Sprechen
- fehlender Blickkontakt
- ein unsteter Blick, immer auf Wanderung, aber nie beim Publikum

7.1.3 Es gibt kein Gen für große Gesten

Wer lächelnd den Kopf zur Seite legt, kann damit erreichen, als ›nett‹ und sympathisch eingestuft zu werden, aber damit steigt auch das Risiko, auf das Publikum niedlich anstatt kompetent zu wirken. Das gilt für alle Geschlechter, aber diese Körperhaltung ist häufiger bei Frauen als bei Männern zu beobachten. Wie kommt es, dass abgewinkelte Handgelenke, eine vorgeschobene Hüfte, ein schräg gehaltener Kopf eher weiblich konnotiert sind? Es könnte damit zusammenhängen, dass Jungen, schon wenn sie krabbeln können und dann laufen lernen, mehr Bewegung zugestanden wird. Von ihnen wird sozusagen erwartet, dass sie sich mehr bewegen als Mädchen und entsprechend mehr Raum brauchen – und sie bekommen ihn auch eher. Aus Videoauswertungen in Studien weiß man, dass kleine Jungs öfter dazu ermutigt werden, zu klettern, zu rennen, zu raufen, sich körperlich auszuprobieren. Ein Fünfjähriger, der durch die Gänge der Kita rennt und Löwe spielt, wird eher aufs Außengelände geschickt, damit er sich dort mal richtig austobt, denn offenbar fehlt es ihm ja an Bewegung. Rennt ein Mädchen mit denselben Brüllgeräuschen durch die Kita, wird es dagegen von den Fachkräften öfter an den Basteltisch eingeladen. Das Mädchen wird also eher zur Ruhe ermahnt und nicht etwa zu noch mehr Bewegung aufgefordert. Diese unterschiedlichen Reaktionen auf das Verhalten von Kindern summiert sich im Lauf der Jahre und nimmt Einfluss auf die Entwicklung der Körpersprache. Was nicht heißt, dass es nicht Frauen gibt, die mit großem Selbstverständnis eine Bühne für sich einnehmen, und Männer, die lieber still am Rand stehen. Diese Beobachtungen zeigen allerdings, dass die Themenbereiche Körpersprache und Präsenz eine Reflexion der eigenen Gewohnheiten und Sozialisation benötigen und dass für manche die Ausgangssituation schwieriger ist als für andere, ohne dass das an ihrem Charakter oder an ihrer Natur läge. Körpersprache ist eben Übungssache (vgl. Kap. 7.5 »Wahrnehmungsschule«, S. 100).

7.1.4 Gestik

Die Bewegung von Armen und Händen gehört zur Körpersprache dazu. Wer sie versteckt, in Hosentaschen oder hinter dem Rücken, verzichtet nicht nur auf einen wichtigen Kommunikationsweg, sondern wirkt auch weniger präsent und engagiert sei es aus Aufregung oder aus Desinteresse.

»Wohin mit den Händen?« ist deshalb vielleicht die häufigste Frage in Seminaren zum Thema Körpersprache und »Ich soll nicht so fuchteln« ein Feedback, das manche schon bekommen hat und sich deshalb kaum noch bewegt. Natürlich gibt es keine genaue Maßangabe für die Anzahl der Gesten pro Vortrag, denn es geht um die persönliche Wahrnehmung und Einschätzung des Publikums, die abhängig vom jeweiligen Individuum, von Gewohnheiten und kulturellen Übereinkünften ist: Was dem einen schon als zu viel des Guten gilt, nimmt die andere als vergleichsweise starre Gestik wahr. Fühlt sich die eine von großen Gesten abgelenkt, sagt der nächste, genau diese Gesten hätten den Vortrag für ihn lebendig gemacht. Allgemein lässt sich sagen: Gesten, die den Inhalt des Gesagten unterstreichen und veranschaulichen, sind willkommen. Gestik, die mehr vom Lampenfieber der*des Vortragenden erzählt als vom Thema selbst, lenkt tendenziell ab.

Es gibt schließlich einen Unterschied zwischen einerseits Handbewegungen, die die Sprechweise verdeutlichen und zum Beispiel Pausen und Betonungen wichtiger Wörter auch im Visuellen begleiten, und andererseits Handbewegungen, die nicht zu Ende geführt werden und Unsicherheit ausdrücken: ein Fallenlassen des Arms, ein Schulterzucken oder ein Händereiben, das wie eine nonverbale Variante von »Ich weiß es selbst nicht so recht« aussieht. Auch Füllwörter können visuelle Entsprechungen haben: Eine Geste, die für »irgendwie« steht, für »sag ich mal so« oder für »tja«, wird das Publikum mehr ablenken als eine Aufzählung mit Hilfe von Fingern oder geöffnete Arme, die die Einladung zu Fragen unterstreichen.

Wer aufgeregt ist, hat unter Umständen Mühe, die Hände ruhig zu halten und klare Gesten zu setzen. Sogenannte ›Übersprungsbewegungen‹, also solche, die keinen Bezug zum Inhalt des Gesagten haben, geschehen in der Regel aus Nervosität. Das Wegwischen einer nicht vorhandenen Haarsträhne oder das Rollen und Knicken des Stichwortzettels zählen zu solchen Bewegungen.

Verallgemeinernd kann man sagen, dass Gesten unterhalb

der Taille im positiven Sinne zwar ruhig wirken, auf Dauer aber einen passiven und wenig engagierten Eindruck vermitteln. Gestik oberhalb der Taille bringt Leben in den Vortrag und wird eher positiv aufgenommen, auf Dauer wirkt sie aber übertrieben animierend. Gestik vor dem Körper und auf Taillenhöhe wirkt meist neutral, ist am verbreitetsten und deshalb für das Publikum ein gewohnter Anblick. Am Kopf haben die Hände nichts zu suchen, es sei denn, wie immer, es handelt sich um eine Geste, die in Bezug zum Inhalt des Gesagten steht.

Auf die Frage »Wohin mit den Händen?« gibt es also vor allem Ratschläge, was mit den Händen alles NICHT passieren sollte. Wenn auch hier die konkreten Vorschläge, wie du Hände und Arme einsetzen kannst, vage bleiben, dann vor allem deshalb, damit deine Gestik deine eigene bleibt, von dir selbst entwickelt wird und du dir keine Geste aneignest, die nachher wie aufgesetzt wirkt. Bei der Gestik geht es schließlich nicht um eine Typberatung nach dem Motto: »Versuch's doch mal mit gefalteten Händen!« oder »Ich glaube, dir würde die Merkel-Raute gut stehen.« Im Übrigen gibt es wohl nur eine Person, deren Gestik so prominent ist, dass eine Handhaltung nach ihr benannt wurde. Für alle anderen gilt: kein Einstudieren von ganz bestimmten Bewegungen vor dem Spiegel, kein antrainieren von Handhaltungen, die zur Masche werden könnten oder so aussehen, als ob sie einen Namen bräuchten: ›das Schälchen‹, ›das Fäustchen‹ oder ›das Spitzdach‹. Ungewöhnliche Gesten dürfen im Fluss der Bewegung und im Laufe eines Vortrags zwar vorkommen, aber nicht öfter als andere, weil das Publikum sonst seine Aufmerksamkeit darauf lenkt statt auf den Inhalt des Vortrags.

Lasse Gestik zu, anstatt die Hände in Hosentaschen, Armbeugen oder auf Hüften zu parken. Eventuell eine Hand am Stichwortzettel, die andere frei. Und dann denke am besten nicht mehr über die Hände nach, damit sie von selbst ›mitsprechen‹ können, ohne ständig unter Beobachtung zu stehen. Denn wer mag das schon …

Übung: Gestik ist keine Hexerei

Drucke den Text eines Märchens auf ein paar DIN-A5-Karten. Stelle dich dann auf eine Probebühne oder zu Hause in den größten Raum auf und lies einem gedachten Publikum mit großen, gerne auch übertriebenen Gesten das Märchen vor.
Deine Aufgabe besteht dabei darin, in Bezug auf deine Gestik Gewohntes wiederzuerkennen, Neues auszuprobieren, Unangenehmes zu spüren, Unpassendes zu verwerfen, Passendes zu wiederholen etc. Nimm zwischendurch wahr, wie viel Raum du einnimmst: Kleben deine Ellbogen am Körper? Wenn du betonte Wörter mit einer Geste unterstreichst, welche Varianten hast du zur Verfügung? Was machen deine Finger?
Lege beim zweiten Durchgang die Karten weg und erzähle dasselbe Märchen noch einmal frei nach. Im Idealfall solltest du ein Video von deinem Vortrag machen, um im Anschluss deine Innensicht mit der Außensicht vergleichen zu können.
Ziel dieser zugegeben ungewohnten Übung ist, sich ausnahmsweise einmal nur auf die Gestik zu konzentrieren, um die eigenen Bewegungen kennenzulernen und neue auszutesten. Am Ende solltest du prüfen, ob die Karteikarten noch glatt sind oder ob du unbewusst Eselsohren gefaltet hast.

7.1.5 Mimik

Sollte man lächeln, wenn es doch eigentlich nichts zu lächeln gibt? Vor allem bei einem Fachvortrag, der doch sachlich vermitteln, erklären, informieren soll? Die Antwort auf diese Fragen lautet: ja und nein. Man könnte die Gegenfrage stellen, ob die Gelegenheit, auf einer Bühne zu stehen und über eine Sache sprechen zu dürfen, die einem etwas bedeutet, nicht Grund genug ist, eine positive Stimmung zu verbreiten und damit dem Publikum nonverbal für sein Interesse zu danken? Lächeln schafft Nähe und wirkt offener als eine ernste Miene. Und es beeinflusst den Klang der Stimme: Wer beim Sprechen lächelt, dessen Stimme klingt automatisch klarer, wärmer, positiver.

Doch zugleich gilt: Wer traurige Fakten zu übermitteln hat, bewahrt besser eine sachlich-neutrale Miene. Wer über die Zukunft der Polarbären spricht, über die schlechten Arbeitsbedingungen von Textilarbeiterinnen oder die nächste Grippewelle, wirkt durch Lächeln unglaubwürdig, was aber auch auf eine anhaltende, überzogene Trauermiene zutrifft.

Abzuraten ist generell von einem Dauerlächeln, weil es künstlich wirkt und sich das Publikum nicht recht ernst genommen fühlt. Lächeln ist vor allem dann fehl am Platz, wenn es nur die eigene Unsicherheit überspielen und das Publikum gnädig stimmen soll, sozusagen als Schutz vor Kritik: »Seid nett zu mir, ich bin es doch auch!«

Es geht also mehr darum, einen offenen, zugänglichen Blick ins Publikum zu haben. Dabei sollte man in der Mimik trotz aller Konzentration so flexibel bleiben, dass eine ernste Passage auch ernst vorgetragen wird und ein eingeplanter Witz nicht vertrocknet.

Übrigens: Entspannen wir unsere Mimik, entspannen wir auch unsere Gedanken. Diese Wechselwirkung zwischen Körper und Denken sollten sich Sprecher*innen zunutze machen: Ein richtiges Lächeln setzt Endorphine frei und sorgt dafür, dass es einem gut geht. Das wirkt sich positiv auf die Körpersprache und somit auf den gesamten Vortrag aus.

7.1.6 Blickrichtung und Blickkontakt

Denken ist häufig mit unbewusster Körpersprache verbunden. Man ›sieht‹ das Denken zum Beispiel am Blick, der zur Decke oder zum Fenster wandert oder am Boden nach Formulierungen sucht. Und es spricht ja doch einiges fürs Denken, weshalb die Zuschauer*innen kein Problem damit haben, wenn sie das an der Körpersprache der*des Referierenden erkennen.

Aber natürlich möchte das Publikum sich auch angesprochen fühlen und ›gemeint‹ sein. Je mehr auf deinem Stichwortzettel steht (vgl. Kap. 6.1 »Stichwortzettel«, S. 60), umso schwieriger wird es, Blickkontakt mit dem Publikum zu halten. Je mehr du dich dagegen von vorher festgelegten Formulierungen lösen kannst und dein Anliegen frei formulierst, umso leichter wird es dir fallen, einzelne Zuhörer anzuschauen und sie persönlich anzusprechen.

Es gibt eine Reihe von Tipps, wie man so tut, als hätte man sein Publikum im Blick, ohne ihm direkt in die Augen zu sehen: »Einfach auf den Scheitel anstatt in die Augen gucken, den Unterschied merkt eh keiner!«, »Schau den Leuten zwischen die Augen, auf die Nasenwurzel«. Aber warum eigentlich nur so tun als ob? – Manche Vortragenden befürchten, durch direkten Blickkontakt abgelenkt zu werden. Sie sorgen sich, dass der fragende Blick aus dem Publikum den roten Faden durcheinanderbringt oder ihnen die nächste Formulierung klaut. Doch wenn so etwas passiert, ist daran meist weniger der Blickkontakt schuld als vielmehr der fehlende Draht zum Publikum.

Um nicht den Kontakt zum Publikum zu verlieren, kann es helfen, schon bei der Vortragsplanung an Fragen und Aktionen zu denken, mit denen man die Zuhörer direkt anspricht bzw. mit einbezieht (vgl. Kap. 5.4 »Anschaulichkeit«, S. 58). Denn dann bleibt einem kaum etwas anderes übrig, als eine Beziehung zu den Anwesenden zu entwickeln und einzelne Personen anzuschauen.

Wer dann immer noch dazu tendiert, den Blicken auszuweichen, wählt sich am besten jemand Bekanntes, weiht Freund*in vorher ein und weist dieser Person einen Platz mitten im Raum zu. Manchmal hilft es auch, sich so eine Person auch nur vorzustellen. So hat der*die Vortragende eine Basis mitten im Raum, von der aus der Blick hin und herwandern kann. Denn ohne Blickkontakt geht nicht nur der Bezug zum Publikum verloren, auch die Stimme trägt weniger weit, die Gesten bleiben verhaltener. Oder andersherum gesagt: Dein Anliegen bekommt mehr Nachdruck und wirkt überzeugender, wenn es ein Ziel (vor Augen) hat.

7.2 Stimme und Artikulation – die hörbaren Kriterien

Das Einfachste vorneweg: Gähnen und Lachen sind die besten Entspannungsübungen und tragen zu einem vollen, stabilen Stimmklang und einer deutlichen Artikulation bei. Wenn der Kiefer locker, die Kehle weit und entspannt ist, trägt auch die Stimme weiter, das Gesagte wird verständlicher. Das Gegenteil ist der Fall, wenn der Hals ›wie zugeschnürt‹ ist, was für einen engen Klang sorgt. Die Redewendung ›Zähne zusammenbeißen und durch‹ sollte bei einem Vortrag nicht als Empfehlung gelten, denn beim Stimmklang geht es um Beweglichkeit und

Muskeltonus. Wenn Redner*innen sehr angespannt sind und die Körpersprache durch die Anstrengung wenig beweglich ist, klingt auch die Stimme im wörtlichen Sinne ›gepresst‹ und ›klein‹ und trägt nicht weit.

7.2.1 Stimmklang

Aus dem Vorangegangenen lässt sich ableiten: Stimme ist veränderbar! Wenn keine organische Beeinträchtigung vorliegt, kommen Kinder mit einer klaren Stimme auf die Welt. Doch wenn sie viele Male gehört haben, dass man beim Essen nicht singen darf oder im Hof nur leise spielen soll, wenn Erwachsene sagen: »Hör auf zu singen, das klingt so schräg!« etc., büßen Kinder womöglich ihr natürliches Verhältnis zu ihrer Stimme ein. Wenn es keine Selbstverständlichkeit ist, die eigene Stimme als Kind auszuprobieren, klingen zu lassen, sich damit wohlzufühlen, kann man verstehen, warum viele ihre Stimme nicht mögen und nur unter der Dusche singen. Die Sorge, ›falsch‹ zu klingen, ein ungünstiger Muskeleinsatz, zu wenig Übung und Beweglichkeit, zu wenig Wissen über die Funktionszusammenhänge der Stimmorgane … – die Summe aus vielen Puzzleteilen kann dazu führen, dass sich später andere wundern: »Der hat aber eine Piepsstimme«, oder: »Sie spricht aber kratzig«.

Vorübergehend kennen solche Phänomene alle, wenn etwa Schnupfen, Grippe oder Müdigkeit ›auf die Stimme schlagen‹. Wenn allerdings ein unangenehmer Stimmklang zum Dauerzustand geworden ist, kann man sich helfen lassen, indem man zur Stimmbildung in logopädische Behandlung geht. Dort lässt sich mit Hilfe von Übungen lernen, die eigene Stimme wieder so zu nutzen, dass sie mit wenig Anstrengung weit trägt und voll klingt.

Übung: Luftballon-Vibrato

Ein Luftballon ist ein gutes Mittel, um die Resonanz und Tragweite der eigenen Stimme zu erspüren und ihre Möglichkeiten kennenzulernen. Blase einen Luftballon auf und halte ihn mit beiden Händen in etwa 10 cm Abstand vor dein Gesicht. Summe ein ›Mmmh‹, lasse ein ›Aaahh‹ und ein ›Ooohh‹ erklingen und spüre, wie sich die Vibration deiner Stimme auf den Luftballon überträgt. An den Handflächen kannst du spüren, dass deine Stimme die Kraft hat, weit zu tragen. Manchmal braucht es etwas Übung und Experimentierzeit: wenn es schnell gehen soll und du angespannt bist, klappt es nicht so gut, wenn du entspannt bist und dir Zeit nimmst, geht es leichter. Dasselbe gilt für die Vortragssituation: bist du verspannt, klingt deine Stimme wahrscheinlich flacher und das Sprechen kostest dich mehr Kraft. Bist du angekommen auf der Bühne, überträgt sich deine Energie auf deine Stimme und so auch aufs Publikum.

Die meisten glauben, eine ganz andere Stimme zu haben als diejenige, die sie auf Audioaufnahmen, z. B. dem Anrufbeantworter, von sich selbst hören. Abgesehen von Veränderungen durch die Audiotechnik (zu kleines Mikrofon, schlechte Lautsprecher u. Ä.), klingt die eigene Stimme für andere tatsächlich anders, weil sie den Schall ja nur durch die Luft übertragen hören. Anders ist es, während man selbst spricht: Knochenleitungen und die Resonanz des eigenen Körpers führen dazu, dass die eigene Stimme ›von innen‹ in der Regel tiefer und voller wahrgenommen wird, als sie für andere ›von außen‹ klingt.

7.2.2 Atmung und Heiserkeit

Die Bauch- oder auch Zwerchfellatmung ist Voraussetzung für eine belastbare Stimme. Das Zwerchfell ist eine Muskel-Sehnen-Platte und stellt den wichtigsten Atemmuskel dar. Er kann – wie andere Muskeln auch – trainiert werden. Die Stimme liegt auf dem Ausatemstrom, wir sprechen beim Aus- nicht beim Einatmen. Und wenn das Zwerchfell nicht trainiert ist, dann hört man das zum Beispiel am Zittern der Stimme bei Aufregung. Wer aber gelernt hat, bei Stress und Lampenfieber trotzdem tief zu atmen und nicht flach mit hochgezogenen Schultern, kommt nicht so schnell außer Atem und kann auch mit wenig Kraftaufwand laut sprechen, ohne heiser zu werden. Welch große Rolle dein Zwerchfell beim Sprechen spielt, spürst du bei der folgenden Übung, die am Besten im Stehen funktioniert.

Übung: Atemkontrolle

Halte eine brennende Kerze mit ca. 20 cm Abstand vor deinen Mund. Spreche ein ›Oooo‹, ohne dass die Kerze flackert. Spreche als Gegenprobe nun ein langgezogenes ›Oooo‹ mit so viel Luft, dass es wie ein ›Hooo‹ einsetzt und die Flamme wackelt. Den Luftstrom langsam reduzieren, bis wieder ein klangvolles ›Oooo‹ klingt und die Flamme ruhig wird.

Belegt, brüchig, rau, krächzend, rauchig … aus Sicht der Stimmbildung oder der Logopädie sind all das Varianten von Heiserkeit. Der Stimmklang ist nicht voll und klar, sondern hat geräuschhafte Anteile. Ein falsches Muskelzusammenspiel, zu viel oder zu wenig Druck, zu hohes oder zu tiefes Sprechen tut der Stimme nicht gut. Und das lässt sie uns hören und irgendwann auch spüren. Um Heiserkeit vorzubeugen, ist es deshalb wichtig, die eigene Stimme kennenzulernen, zu wissen, wie sie funktioniert und was sie anstrengt.

Übung: Gegen den Frosch im Hals

Erzähle eine Geschichte ohne Worte, eine Geschichte nur mit dem Laut ›Mmm‹. Lass die Lippen geschlossen, stell dir vor, jemand stellt dein Lieblingsgericht auf einem schön angerichteten Teller vor dich auf den Tisch: »Mmmmmhh!«. Stell dir vor, du hörst jemandem zu und mit einem interessierten »M-hmm!« drückst du aus, dass du zustimmst, einverstanden und interessiert bist: »M-hm-m-hm-m-hm!«. Lass das ›m‹ weiterklingen, summe und brumme mit langen und kurzen ›Ms‹, lass sie in Bögen hoch- und runtergleiten, immer mit leicht aufeinanderliegenden Lippen, ohne Druck. So wird deine Stimme aufgewärmt, sie klingt dann automatisch voller und trägt weiter. Einen Hundertmeterlauf würdest du wohl auch nicht aus dem Stand machen, um dir keine Zerrung zu holen. Beim Sprechen ist es nicht anders, wenn man Heiserkeit vorbeugen möchte.

Infobox: Wie man Heiserkeit vorbeugt

- Kreide essen verhilft nur dem Wolf zu einer sanften Stimme. Stattdessen empfiehlt es sich, gegen trockene Schleimhäute genügend zu trinken und Kreidestaub, Klimaanlage sowie Durchzug zu meiden.
- Verzichte darauf, dich zu räuspern oder zu flüstern (beides strapaziert die Stimmlippen aufs Äußerste).
- Sprich bei einer sich anbahnenden Erkältung weniger und leiser.
- Alles, was der Kondition guttut, hilft dem Lungenvolumen, dem Zwerchfell und damit auch der Stimme.
- Schule dein Körperbewusstsein durch Yoga, autogenes Training, Tanz …
- Durch Alkoholkonsum und Rauchen wird der Stimmumfang kleiner und die Lungenkapazität lässt nach. Beides verändert die Schleimhäute so, dass die Stimmlippen nicht mehr komplett schließen können und chronische Heiserkeit die Folge ist.
- Vermeide übermäßigen Druck auf die Stimmlippen genauso wie kraftloses Sprechen. Wärme deine Stimme auf, bevor der Alltag beginnt und entwickle so eine Sprechroutine.
- Ist Lautstärke nötig: Besser rufen (d. h. die Kraft kommt aus dem Bauch mit Einsatz des Zwerchfells) statt schreien (die Kraft kommt nur aus dem Hals, die Kehle wird eng, und damit auch der Stimmklang).
- Gute Stimmung und gute Stimme können sich gegenseitig unterstützen.

- Zwischendurch sollt man sich strecken, gähnen, seufzen, ausatmen und die Schultern lockern.
- Stimmbänder haben es gern warm, deshalb ist vor einem Sprechauftritt ein Schal ratsamer als ein Eis.

7.2.3 Lautstärke

»LAUTER!« – Der Ruf aus den hinteren Reihen bewirkt oft nur, dass der*die Redende aus dem Tritt kommt, verunsichert wird, vielleicht die nächsten paar Sätze lauter spricht, nur um dann möglichst schnell wieder in leise Töne überzugleiten. Wer wenig Routine hat im Vortragen, muss sich auch erst an die eigene Vortragsstimme gewöhnen und das gelingt nicht im Moment des Vortrags. Die Psyche spielt mit: Wer gut vorbereitet ist und hinter dem steht, was sie*er sagt, kann sich der Sache sicher sein und damit wächst automatisch der Mut, lauter zu sprechen.

Lautstärke und Tragweite der Stimme sind aber vor allem mit Muskelarbeit verbunden. Sie ist vergleichbar mit einer aufrechten Haltung und dem Appell »Steh nicht so krumm! Geh mal aufrecht!«. Beides lässt sich nicht dauerhaft umsetzen ohne Körperarbeit und Training. Auch den geraden Rücken, die zurückgenommenen Schultern behält man nur bis zur übernächsten Straßenbiegung bei, aber sobald die Aufmerksamkeit wieder auf das eigentliche Tun gelenkt wird, das Schaufenster, die rote Ampel oder das Smartphone ins Blickfeld kommen, wirkt wieder die Macht der Gewohnheit und man fällt in die ursprüngliche Körperhaltung zurück. Was dagegen hilft: die eigene Stimme besser kennenlernen (vgl. Kap. 7.4 »Generalprobe«, S. 96), spüren lernen, wie sich Stimmarbeit und Lautstärke bei einem Vier-Augen-Gespräch vom Stimmeinsatz bei einem Gespräch in einer vollen Mensa unterscheiden.

Übung: Botschaft der Küchenrolle

Nimm eine leere Küchenrolle, nutze sie als Sprachrohr und berichte einem imaginären Publikum von deinem Tag. Sprich durch sie hindurch, mal laut, mal leise und halte das offene Ende des Rohrs unterschiedlich weit zu. So entwickelst du ein Gefühl dafür, wodurch der Stimmklang verstärkt wird, welchen Anteil die Resonanzräume des Körpers, die Hohlräume der Nebenhöhlen haben.

7.2.4 Artikulation

Manche denken, wenn sie viele Worte in ihre Vortragszeit unterbringen, sei auch viel gesagt. Doch eher das Gegenteil ist der Fall, es geht viel verloren, wenn das Tempo zu hoch und die Pausen zu sparsam werden. Die Rückmeldung »Du sprichst zu schnell« bezieht sich meist nicht auf das tatsächliche Sprechtempo, sondern in der Regel darauf, dass die Person üben sollte, deutlicher zu sprechen und zwischen Sinnabschnitten klare Pausen zu setzen (vgl. Kap. 4 »Gliederung«, S. 39).

Um in einem großen Raum mit vielen Menschen gut verstanden zu werden, ist nämlich eine sehr deutliche Aussprache nötig, damit das Publikum nicht nach fünf Minuten Anstrengung die Lust am Enträtseln einzelner Worte verliert und nicht mehr zuhört. Geht es im Vortrag um ›Breite‹ oder ist ›beide‹ gemeint, war von der ›Mitte‹ die Rede oder doch von der ›Miete‹? Sind alle Möglichkeiten ›offen‹ oder erzählt die Sprecherin etwas vom ›Ofen‹ oder lässt sogar zu ›hoffen‹ übrig? Diese Fragen stellt sich niemand bewusst, sondern sie erschließen sich die Antwort aus dem Zusammenhang der Sätze. Aber eben nur eine Weile lang, denn das ist auf Dauer anstrengend. Und wer die Energie des Publikums auf Nebenschauplätze lenkt, darf sich nicht wundern, wenn für das eigentliche Anliegen des Vortrags vielleicht keine mehr übrigbleibt, die Zuhörer*innen also aufgeben, noch bevor sie die Argumente nachvollziehen konnten. Das gilt umso mehr, wenn Leute zuhören, deren Erstsprache nicht Deutsch ist und sie manche Vokabeln noch nicht kennen.

Das heißt nicht, dass alle Redner*innen Hochdeutsch sprechen müssen bis zu einem Maß, dass man nicht mehr erkennt, woher jemand kommt! Die Herkunft ist Teil der Persönlichkeit, und solange du gut verstanden wirst, gibt es keinen Grund, sie zu verstecken, aber gehe dabei mit regionalen Eigenheiten sparsam um, artikuliere klar und spare dir das Nuscheln für andere Orte auf. Eine deutliche Artikulation fördert nämlich nicht nur die Verständlichkeit, sie erleichtert auch die Stimmgebung: Werden die einzelnen Laute präzise und vorne im Mund gebildet, sinkt das Risiko, dass Silben und ganze Wörter im Hals ›verknödelt‹ und zerquetscht werden. Das gelingt dann am besten, wenn Lippen, Unterkiefer und Zunge locker zusammenspielen.

Übung: Daumensprechen

Diese Übung hilft dir, beim Sprechen beweglicher zu werden und deutlicher zu artikulieren: Wähle einen beliebigen Zeitungsartikel aus. Halte das (kleingefaltete) Zeitungsblatt in der einen Hand und lege die Daumenspitze der anderen Hand so an deine oberen Schneidezähne, dass der Daumen ein Hindernis zwischen der oberen und unteren Zahnreihe bildet (Nagel nach unten). Mit diesem Hindernis liest du jetzt laut den Artikel vor. Achte dabei auf Folgendes:

- Bewege den Unterkiefer möglichst frei, vor allem bei Vokalen.
- Halte die Daumenspitze leicht an die oberen Schneidezähne gedrückt, sie soll sich nicht vom Fleck rühren.
- Sprich trotz Hindernis so deutlich wie möglich.
- Versuche bei Lauten wie [m, b, p und f, v] die Lippen um den Daumen herum zu schließen und öffnen, auch wenn sie sich nicht direkt berühren können.
- Schließe den Kiefer immer nur so weit, dass die unteren Schneidezähne den Daumennagel nicht berühren.
- Die Zunge wird zwar bei einigen Lauten [n, s, l, z] an die Daumenspitze anstoßen, lass dich davon aber nicht stören.
- Lies nach 3 Minuten lauten Lesens ohne Pause eine weitere Minute weiter und nimm dann den Daumen mitten im Satz weg und lies weiter. Nimm den Unterschied wahr und spüre die Leichtigkeit der Artikulation.

7.3 Erste-Hilfe-Koffer

Ein Vortrag, eine Präsentation, das sind lebendige Momente, da lässt sich nicht alles vorher planen, nicht immer läuft alles glatt. Aber auch auf diese unerwarteten Situationen kann man sich vorbereiten, der Erste-Hilfe-Koffer soll dir dabei helfen.

7.3.1 Lampenfieber und Blackout

Alles weg? Leere im Gehirn, Tosen in den Ohren, Wirrwarr vor den Augen? – Ausatmen! Die Pause, die du brauchst, um wieder den roten Faden zu finden, und die dir jetzt schon wie eine Ewigkeit vorkommt, hat das Publikum oft noch gar nicht bemerkt. Deine Sorge »Jetzt sehen alle, dass ich nicht weiterweiß« lässt dein Herz schneller schlagen. Dabei ist es oft erst der Hinweis auf den Blackout »Ich … Entschuldigung … also jetzt habe ich den Faden verloren …«, der die Zuschauenden auf deine Situation aufmerksam macht. Bedenke, dass du die einzige Person bist, die deinen Redeplan im Detail kennt. Das heißt, wenn du davon abweichst und dabei deine Rolle als Redner*in nicht aufgibst, geht dein Publikum mit und merkt meist gar nichts von deiner Unsicherheit. Du kannst also deinen Blackout offen thematisieren, du kannst aber auch darüber hinweggehen und …

- den letzten Satz wiederholen
- den Satz abbrechen und noch einmal neu ansetzen
- eine rhetorische Frage stellen
- eine Pause machen und einen Schluck trinken
- das Bisherige zusammenfassen
- eine Frage ans Publikum stellen
- eine Diskussion im Publikum anregen

Wenn du wirklich nicht weitersprechen kannst: Sorge dich in diesem Moment nicht um dein Publikum, denn das kann ruhig eine Pause vertragen, um darüber nachzudenken, was du bis hierher erklärt hast. Konzentriere dich auf dich selbst und nimm dir Zeit, um ein- und auszuatmen. Besinne dich auf die Bauchatmung, damit dein Gehirn mit Sauerstoff versorgt wird. Wenn die Gedanken stillstehen, hilft Bewegung, auch, um Adrenalin abzubauen. Lasse die Schultern fallen und atme aus. Atme dann in den Bauch ein, atme wieder aus, lasse dir Zeit. Du kannst auch noch einmal deine Stichwortzettel nehmen und kurz sortieren oder noch einen Schluck trinken. Erst jetzt, wenn du noch nicht wieder weißt, wo im Konzept du dich grade befindest, könntest du sagen: »Moment, gleich geht's weiter.« Und wenn du dich wieder gesammelt hast, fährst du fort, indem du zum Beispiel nochmal Wichtiges zusammenfasst.

7.3.2 »Ähm«

Ein langgezogenes »Eeeeeh«, ein kurzes »Ämm« hat durchaus seinen Sinn im Lauf eines Vortrags. Es geht zwar auch ohne, aber es ist gar nicht unbedingt störend und deshalb nicht zwingend abzutrainieren. Ein »Eeeh« kann heißen: »Ich denke noch« oder »Moment, gleich erkläre ich das näher«. Wenn du selbst den Eindruck hast, zu viele Fülllaute einzubauen, hole dir von anderen eine Rückmeldung, wie sie das bei dir wahrnehmen. Den meisten fällt es nämlich gar nicht auf. Und solltest du tatsächlich zu den wenigen gehören, bei denen Äh-Strichlisten geführt werden, kannst du durch Training lernen, jedes Äh durch eine unauffällige Bewegung oder Muskelanspannung zu ersetzen.

Übung: »Ähm«?

Lege ein Cent-Stück auf den Boden und stelle deinen Fuß darauf. Erzähle dann einem gedachten Publikum mit lauter Stimme, mit Blick aus dem Fenster und Einsatz von Gestik die Erlebnisse deiner vergangenen Woche. Versuche, dich an alle Termine und Aktionen chronologisch zu erinnern und fasse jede in einer kurzen Erzählung zusammen. Wenn du dich »äh« sagen hörst, verlagere das Gewicht kurz auf das Cent-Stück, ohne dein Reden zu unterbrechen. Sprich nicht ohne Punkt und

Komma, sondern finde heraus, an welchen Stellen genau dir ein »Äh« auf der Zunge liegt. Erkenne, wann eine Pause durchaus sinnvoll ist, und wie du sie, anstatt sie mit einem »Eeehm« zu füllen, bewusst setzt und das »Ähm« irgendwann durch Stille ersetzen kannst. (Nimm beim zweiten Mal nur noch einen Papierschnipsel. Und für alle folgenden Redeanlässe genügt ein Fleck in der Maserung des Parketts oder eine dunkle Stelle im Linoleum.)

7.3.3 Störungen und Zwischenfragen

Jemand kommt zu spät und findet keinen Sitzplatz, jemand verlässt mitten im Vortrag den Raum. Ein Glas zerbricht, eine hupende Hochzeitsgesellschaft fährt draußen vorbei ... Unterbrechungen, die laut sind oder anders Raum einnehmen, ziehen die Aufmerksamkeit von deinem Vortrag ab. Sie zu ignorieren und stoisch weiterzusprechen, ist eine Möglichkeit. Eine andere ist, der Ablenkung kurz Raum zu geben und eine Sprechpause einzulegen. Mit einem Kommentar oder einem Blick, der zeigt, dass du über die Störung mehr amüsiert als irritiert bist, kannst du die Stimmung sogar auflockern.

Wenn du Sorge hast, dass dich Zwischenfragen aus dem Publikum aus dem Konzept bringen könnten, kannst du schon in deiner Einleitung ankündigen, dass du am Ende des Vortrags Zeit für eine Fragerunde eingeplant hast. Halte an diesem Plan fest und wiederhole ihn, wenn dich jemand unterbricht. Um ganz sicher zu gehen, dass keine störenden Zwischenfragen gestellt werden, kann man auch vor Beginn des Vortrags Kärtchen und Stifte verteilen und das Publikum bitten, Fragen erst einmal auf den Karten zu notieren. Dazu brauchst du eventuell eine Person, die der dir hilft, die Karten am Ende einzusammeln und doppelte Fragen auszusortieren. Die übrigen Fragen werden am Ende des Vortrags vorgelesen und von dir beantwortet oder zur Diskussion gestellt.

7.3.4 Zeitmanagement

Ein Vortrag, der länger dauert als angekündigt, muss überdurchschnittlich interessant sein, damit das Publikum auch nach Ablauf der Zeit noch konzentriert sitzen bleibt und mitdenkt. Halte dich deshalb genau an Zeitvorgaben und vergiss nicht bei deiner Planung, Fragen im Anschluss mit einzuberechnen. Sei lieber ein bisschen früher fertig als zu überziehen.

Verlasse dich bei der Einschätzung der Dauer deines Vortrages nicht auf dein Bauchgefühl, sondern halte ihn mindestens einmal laut und im Stehen vor einem gedachten Publikum und achte dabei auf die Zeit. Dann weißt du genauer, ob dir noch Material fehlt, um die vorgegebene Dauer des Vortrags zu erreichen oder ob du etwas streichen musst. Um zeitlich flexibel zu bleiben, kann es sehr hilfreich sein, einzelne Karteikarten zu haben, die durch ein Symbol als ›Kann-Karte‹ gekennzeichnet sind: »Kann mit eingebaut werden, muss aber nicht.« Bei der Vorbereitung des Vortrags verschätzt man sich nämlich gerne: Vielleicht spricht man später in der Aufregung schneller als bei der Probe oder die Experimente dauern auf der Bühne länger als zu Hause. Mit ›Kann-Karten‹ bist du darauf vorbereitet, Passagen zu überspringen, wenn die Zeit knapp wird. Denn es geht viel an positiver Wirkung verloren, wenn dein Fazit und Schluss fehlen, weil dir jemand wegen abgelaufener Zeit das Wort nimmt.

7.4 Generalprobe

Die Zeitung von gestern nehmen und einen Artikel laut lesen, den Text eines Kinderliedes auswendig präsentieren, als wäre es eine Rede. Es gibt viele, ganz einfache Möglichkeiten, den eigenen Auftritt, das Sprechen und den Stimmklang zu trainieren. Plane auf jeden Fall eine Generalsprobe ein, bei der du laut sprichst, bleibe nicht beim stillen Murmeln. Probiere aus, wie deine Erklärungen funktionieren, ob du die Formulierungen parat hast, die du für ein bestimmtes Experiment oder ein Argument brauchst.

7.4.1 Audiofeedback

Finde heraus, wie dein Sprechen klingt, lerne deine Stimme kennen, indem du sie aufzeichnest. Und sei nicht erschrocken, wenn sie in der Aufnahme anders klingt, als du es gewohnt bist. Das liegt in der Natur der Sache, denn im Moment des Sprechens hörst du deine Stimme gleichzeitig sowohl von außen (den Schall durch die Luft zum Ohr) als auch von innen (auch dein Körper leitet durch das Gewebe und die Knochen den Schall weiter). Dadurch klingt die eigene Stimme für die sprechende Person selbst immer etwas voller und wärmer, oft auch tiefer. Wenn du dein eigenes Sprechen aufnimmst und danach anhörst, fällt also der zweite Tonübertragungsweg weg. Du hörst dich dann so wie alle anderen nur von außen (abzüglich einiger Frequenzen und zusätzlicher Störgeräusche, die je nach Mikrofon- und Lautsprecherqualität deine Stimme verändern). Weil der eigene Stimmklang in Audioaufnahmen so ungewohnt wirkt, lassen sich viele davon abschrecken und möchten sich am liebsten nicht weiter damit beschäftigen. Sie verwechseln dabei »klingt schrecklich« mit »klingt ungewohnt«. Mache dir deshalb bewusst, dass nur du diesen Klang, der dir so gewohnt ist, kennst. Keine andere Person wird ihn je zu hören bekommen. Der Klang deiner Stimme, den du selbst beim Sprechen wahrnimmst, ist dir natürlich ›näher‹ – auch im wörtlichen Sinne. Aber um mit der eigenen Stimme professionell arbeiten zu können, gilt es, herauszufinden, wie andere sie wahrnehmen.

7.4.2 Videofeedback

Ähnliches gilt für die Körpersprache: Mache ein Video von deinem Probeauftritt und schaue dir im Anschluss beim Sprechen zu. Von innen, während des Sprechens, fühlt sich das eigene Auftreten nämlich ganz anders an. Vieles geschieht unbewusst, so dass du es erst im Video entdeckst. Hinzu kommt, dass die meisten Menschen ihr eigenes, bewegtes Bild nur durch den Spiegel, also falschherum kennen.

Schau dir also ein Video deines Vortrags an und nimmt mit, was die meisten nach dieser Übung sagen: »So schlimm war das ja gar nicht! Ich bin eigentlich gar nicht so schlecht!« Die Sorge, schräg rüberzukommen, ist tatsächlich für viele so groß, dass sie gar nicht erst darüber nachdenken möchten, eine Videoaufzeichnung zu machen. Das ist ein bisschen widersprüchlich, denn wenn sie dann vor Publikum sprechen, zeigen sie sich diesem ja auch. Warum scheuen sie sich davor, sich selbst mit ihrer Körpersprache auseinanderzusetzen, solange noch Gelegenheit ist, daran zu arbeiten, etwas zu verändern, zu üben?

7.4.3 Checkliste »Feedback«

Feedback

von ______________ für ______________

Körpersprache:

- Blickrichtung / Blickkontakt / tote Winkel
- Gestik
- Mimik
- Körperhaltung / Stand
- Distanzen, Position + Bewegung im Raum/Choreografie
- Sonstiges (Kleidung, Haare, Ablenkungen …)

Stimme und Sprechen:

- Atmung
- Stimmklang + Stimmlage
- Tempo + Pausen
- Sprechmelodie
- Lautstärke
- Artikulation
- Nebengeräusche

Sprache und Inhalt:

- Informationsgehalt / Sachkompetenz
- Gliederung / roter Faden / Nachvollziehbarkeit
- Einstieg + Schluss
- Spannungsbogen
- Verständlichkeit
- Argumentation nachvollziehbar
- Sprachstil / Wortwahl / Fremdwörter
- Wiederholung / Zusammenfassung

- Umfang: Stehen Inhalt und Rededauer in passendem Verhältnis / wurde überzogen?

Publikumsbezug:

- persönliche Ansprache
- Informationen zu Ablauf, Dauer, Umgang mit Fragen…
- Ziel / Nutzen
- Eigene Erfahrung / Leidenschaft / Kompetenz verdeutlicht?
- Neugierig gemacht?
- Fragen eingesetzt
- Zitate, Bilder, Geschichten, Beispiele …
- Alle im Publikum beachtet?
- Ist Verständnis sichergestellt? / Sind Fragen offengeblieben?

Medien/Technik:

- Umgang mit Stichwortzettel, Medien und anderem Material
- Lesbarkeit, Schriftbild, Übersichtlichkeit
- (Folien-)Texte verständlich und ansprechend gestaltet?
- Ist die ›Bühne‹ gestaltet? Sind Technik und Gegenstände sinnvoll und praktisch arrangiert?

7.4.4 Probepublikum

Eine Stufe wirkungsvoller ist es, wenn nicht nur du selbst dir zuhörst und zuschaust, sondern wenn du auch von anderen Feedback bekommst. Davor muss man keine Angst haben, denn niemand ist so kritisch, wie die meisten es mit sich selbst sind. Da sitzt die Locke falsch, die Geste war zu groß, die Pause zu lang, das »Äh« zu laut … Ein Probe-Publikum hilft, die eigene Kritik zu relativieren und das Positive zu sehen, das bei manchen untergeht in der Mühe, nur ja alles richtig zu machen.

Damit das Publikum deiner Generalprobe es leichter hat, kannst du es bitten, auf drei Punkte besonders zu achten, die du vorher auswählst. Das sollten Aspekte sein, die dir selbst besonders wichtig sind, mit denen du dir besonders Mühe gegeben hast oder die dir besonders schwerfallen. Wenn mehr Zeit ist fürs Feedback, dann gib jemandem die Liste aller möglichen Kriterien und bitte um ein schriftliches Feedback, das durch mündliche Ergänzungen konkretisiert wird.

7.5 Wahrnehmungsschule

Alle wichtigen Kriterien für einen guten Vortrag beisammen? Sämtliche Dos und Don'ts sortiert? Prima, aber jetzt bitte einmal alles für einen kurzen Moment vergessen! Was nämlich beim Blick auf die Person, die vorne steht und vorträgt und die Aufgaben der Rednerin zu häufig in Vergessenheit gerät: Zu einem guten Auftritt gehören zwei – Vortragende*r und Zuhörende*r. Nur ein respektvolles Publikum schätzt die Qualität fair ein, nicht alle Verantwortung liegt bei dem*der Redner*in!

Zwischen all den Regeln für den ›perfekten Auftritt‹ und ›souveränen Vortrag‹ klafft eine große Lücke, es fehlt die Auseinandersetzung mit der eigenen Wahrnehmung. Wen wollen wir verantwortlich machen, wenn wir eine wichtige Botschaft nicht erkannt haben, nicht hören wollten, obwohl jemand extra auf eine Bühne gegangen ist, um sie uns zu vermitteln? War der Dialekt wirklich zu stark, die Gesten zu groß, der Rock zu kurz? Man kann vieles behaupten: Um ernsthaft gehört zu werden, sei Greta Thunberg zu jung, Franziska Giffeys Stimme zu hoch, Anton Hofreiters Haare zu lang, Angela Merkel zu ›Mutti‹, Eva zu nackig. Irgendwas ist immer. Wie wäre es, wenn wir uns zwischendurch an die eigene Nase fassen und unsere Wahrnehmung hinterfragen würden? Wenn wir selbst nicht merken, dass wir uns beim Wahrnehmen, Denken und Urteilen irrational beeinflussen lassen, spricht man von einer ›kognitiven Verzerrung‹. Dabei geht es um eine Form der Beeinflussung, die uns ziemlich unangenehm sein sollte, Ursache sind nämlich Vorurteile und eine enge Erwartungshaltung.

Zur kognitiven Verzerrung gehören zuallererst der *bias blind spot*, nämlich die Tendenz, sich für unbeeinflusst zu halten, und der *confirmation bias*, die Neigung, vor allem die Dinge besonders gut zu hören, die unsere eigene Erfahrung bestätigen. Relevant für Vorträge, Referate und Reden ist außerdem der *correspondence bias*, ein ›Attributionsfehler‹, der darin besteht, dass wir die Ursachen für bestimmte Verhaltensweisen eher in den Charaktereigenschaften einer Person suchen, statt sie auf äußere, veränderbare Faktoren zurückzuführen, die die jeweilige Situation beeinflussen.

Eine besondere Form der kognitiven Verzerrung ist der *gender bias*. Wichtiger als die häufig gestellte Frage, ob Frauen denn anders sprechen als Männer, ist die Frage, ob Frauen auf die gleiche Weise Gehör finden wie Männer. Werden Männer und Frauen unterschiedlich wahrgenommen? Tatsächlich sorgt der *gender bias* dafür, dass Frauen häufiger unterbrochen werden, von Männern und Frauen gleichermaßen, und dass Männer, die in Meetings viel reden, als kompetenter wahrgenommen werden – bei Frauen zeigt sich keine Veränderung bzw. ihre Bewertung wird sogar negativer, wenn sie mehr sprechen. Frauen mit hohem, dünnem Stimmklang werden außerdem als weniger kompetent, weniger gebildet, weniger vertrauenswürdig und weniger attraktiv eingestuft als Männer mit engem, hohem Stimmklang oder Personen mit durchschnittlichem Stimmklang.

Durchsetzungsfähig, klar denkend, rational, realistisch sind Eigenschaften, die Menschen scheinbar eher von einem Mann erwarten, wohingegen die Eigenschaften charmant, furchtsam, sanft und geschwätzig eher mit einer Frau in Verbindung gebracht werden. Bei Bewerbungsgesprächen kann diese Einschätzung fatale Folgen haben, und sie hat natürlich auch Einfluss auf die Beurteilung von Redner*innen auf einer Bühne. Es gibt keinen biologischen Unterschied zwischen Frauen und Männern, der eine unterschiedliche Sprechweise bedingen würde, aber es gibt eine Hierarchie in der Wahrnehmung von weiblichen und männlichen Sprecher*innen. Die antike Rhetorik ist seit ihren Anfängen auf den Mann als Redner ausgerichtet. Bis heute werden Frauen mit diesem Rednerideal konfrontiert und nach ihm beurteilt – in der Regel unbewusst.

Fazit: Beurteile die Botschaft, nicht die Person, die sie überbringt. Die Sache über die Person zu stellen, also zuzuhören, sich einzufühlen, herausfinden zu wollen, was jemand sagen möchte, auch wenn die Person vielleicht zu Boden blickt, leise spricht, nicht ›gefällig‹ und der Norm entsprechend vorträgt, ist eine positive, in ihrem Wert nicht zu unterschätzende Fähigkeit. Extrovertiertheit ist nicht das Maß aller Dinge, und ein Argument wird nicht falsch, nur weil uns die Person, die es vorträgt, nicht sympathisch ist. Appell also für den Moment, in dem man selbst im Publikum sitzt: Am Ende sollte immer die Botschaft zählen, nicht ihre Verpackung.

8 Schluss

Das Buch von Anfang bis Ende gelesen, aber doch irgendwie noch nicht viel verinnerlicht? Macht nichts, denn Reden lernt man vor allem durch Reden, nicht durch Lesen. Das ist natürlich eine gute und eine schlechte Nachricht zugleich. Die Schlechte: Du musst aktiv werden und ausprobieren, was du in diesem Buch erfahren hast. Die Gute: Vieles von dem, was du meinst, noch nicht verinnerlicht zu haben, kannst du schon, denn du hast bereits mit und vor Menschen gesprochen. Und wenn es auch nicht dein Bewusstsein tut, so erinnert sich doch dein Körper daran. Im Grunde weiß er, wie es funktioniert: Deine Stimme klingt, auch wenn du nicht über sie nachdenkst. Deine Hände sprechen mit, wenn du etwas erklärst, und zwar dann am besten, wenn du dir keine Gedanken über ›richtig‹ oder ›falsch‹ machst. Verlasse dich auf die Erinnerungsgabe deines Körpers und hilf ihm, Routinen zu entwickeln.

Hilf dir selbst, indem du mit den Tipps in Kapitel 2.4 »Ort, Raum und Bühne« beginnst: Gehe dorthin, wo du reden wirst. Und wenn in diesem Schuljahr oder in diesem Semester kein Vortrag mehr ansteht, gehe trotzdem in ein leeres Klassenzimmer oder in einen leeren Hörsaal und tue so als ob. Erzähle ein Märchen in den leeren Raum hinein und probiere aus, wie es sich anfühlt, eine Bühne zu füllen. Je öfter du diese Perspektive auf einen Raum erlebt hast, umso vertrauter wird sie dir sein, wenn du dann tatsächlich wieder vor Publikum sprichst. Konzentriere dich auf die Haben-Seite: was kannst du schon, was sind deine Stärken beim Vortrag? Worauf kannst du dich immer verlassen? Dann bist du für Unvorhergesehenes, Unerwartetes besser gerüstet. Denn irgendetwas, das du nicht eingeplant hast, wird sowieso passieren, und dann ist es wichtig, dass du auf diese persönlichen Grundlagen vertrauen kannst.

Übe auch im Alltag: Teste beim nächsten Brötchenkauf, wie es ist, besonders laut zu sprechen. Wenn du auf die Bahn wartest und dich mit Freund*innen unterhältst, schaue dir und den anderen zu, was sie mit ihren Händen tun, und probiere aus, mehr zum Inhalt passende Gestik als sonst einzusetzen. Wenn du in den Bus steigst, gehe mit kleinen Trippelschritten und verlasse ihn wieder mit großen schweren Schritten. Lerne deinen Körper im Alltag besser kennen und übe Varianten, dann hast du auf der Bühne ein größeres Repertoire zur Verfügung.

Nutze die Gelegenheiten, zu einer Gruppe zu sprechen, wenn sie sich ergibt. Habe eine Stimme, erhebe sie, bringe sie ein in Diskussionen und warte nicht, bis das Thema wechselt oder die Gruppe sich trennt. Deine Meinung ist gefragt. Nicht immer und überall, nicht nonstopp und ohne Dialog, aber womöglich öfter, als du dir zutraust.

Die Rhetorik hat ihre Wurzeln in der Demokratie. Wo über Wahrheit und Richtigkeit nicht gestritten werden darf, haben Redner*innen keine Stimme. Nur wo Meinungsfreiheit herrscht, dürfen sie sprechen, um ihr Publikum von ihrer Meinung zu überzeugen. Und nur ein Publikum, das Entscheidungen frei treffen darf, muss und darf überzeugt werden. Auch wenn man nicht in der Politik arbeitet, lohnt es sich, rhetorisch gewandt zu sein, gut reden und überzeugen zu können. Es gibt kaum einen Beruf, in dem nicht Ergebnisse vor Teams oder Kund*innen präsentiert werden müssen, in dem nicht potentielle Käufer*innen überzeugt, Kolleg*innen informiert werden müssen. Tagungen, Kongresse, Zukunftswerkstätten verlangen intensive Aushandlungsprozesse. Wer mit der eigenen Meinung vertreten sein möchte, muss mit anderen sprechen und für sich einstehen. Erst wer in (öffentlichen) Debatten etwas erklären kann, geübt hat, sich mit gegnerischen Standpunkten auseinanderzusetzen, kann für sich bzw. eine Sache einstehen, ist in der Lage, mitzuwirken, anstatt mitzuschwimmen.

Alles Gute dafür! Vorhang auf!

Zur Autorin

Almut Schnerring ist Journalistin, Autorin und Sprecherzieherin (DGSS). Sie hat Germanistik, Kunstgeschichte, Kommunikationsforschung und Phonetik, Sprechwissenschaft und Sprecherziehung in Stuttgart, Paris, Bonn und Aachen studiert. Sie schreibt und produziert Radiosendungen für den öffentlich-rechtlichen Rundfunk und bietet als Kommunikationstrainerin Vorträge, Workshops und Seminare an für Bildungseinrichtungen, Unternehmen und für Einzelpersonen.

Seit sie sich einmal für ein Radio-Feature mit Rhetorikseminaren beschäftigt hat, die sich explizit an Frauen richten, ist der ›Gender Bias‹, also die unterschiedliche Wahrnehmung von Frauen und Männern, einer ihrer Themenschwerpunkte.

Als Schwäbin, die beim öffentlich-rechtlichen Hörfunk nicht nur schreiben, sondern auch sprechen wollte, kennt sie sich mit Artikulationsregeln und Hochdeutsch aus, mit Stimmbildung und Mikrofonsprechen und unterrichtet darin Menschen aus allen Berufsgruppen, die verstanden und gehört werden wollen. Die Lieblingsfrage Ihrer Kursteilnehmer*innen lautet: »Ja, aber wohin mit den Händen?«

Almut Schnerrings ›Greatest Hits‹ sind: »Nein, Sie müssen keinen Korken in den Mund nehmen«, »Es gibt kein Gen für große Gesten und souveränes Auftreten« und »Ja, König spricht man im Hochdeutschen wirklich ›Könich‹«. Die beiden Orte, die sie am häufigsten vor Augen hatte beim Schreiben dieses Buchs, sind das Klassenzimmer N° 108 im Schelztorgymnasium Esslingen und der Hörsaal IX der Universität Bonn.